AF287535

Thomas Linner

Enterprise Social Software im agilen Projektumfeld

disserta
Verlag

Linner, Thomas: Enterprise Social Software im agilen Projektumfeld. Hamburg, disserta Verlag, 2015

Buch-ISBN: 978-3-95935-020-4
PDF-eBook-ISBN: 978-3-95935-021-1
Druck/Herstellung: disserta Verlag, Hamburg, 2015
Covermotiv: © carlosgardel – Fotolia.com

Bibliografische Information der Deutschen Nationalbibliothek:
Die Deutsche Nationalbibliothek verzeichnet diese Publikation in der Deutschen Nationalbibliografie; detaillierte bibliografische Daten sind im Internet über http://dnb.d-nb.de abrufbar.

Das Werk einschließlich aller seiner Teile ist urheberrechtlich geschützt. Jede Verwertung außerhalb der Grenzen des Urheberrechtsgesetzes ist ohne Zustimmung des Verlages unzulässig und strafbar. Dies gilt insbesondere für Vervielfältigungen, Übersetzungen, Mikroverfilmungen und die Einspeicherung und Bearbeitung in elektronischen Systemen.

Die Wiedergabe von Gebrauchsnamen, Handelsnamen, Warenbezeichnungen usw. in diesem Werk berechtigt auch ohne besondere Kennzeichnung nicht zu der Annahme, dass solche Namen im Sinne der Warenzeichen- und Markenschutz-Gesetzgebung als frei zu betrachten wären und daher von jedermann benutzt werden dürften.

Die Informationen in diesem Werk wurden mit Sorgfalt erarbeitet. Dennoch können Fehler nicht vollständig ausgeschlossen werden und die Diplomica Verlag GmbH, die Autoren oder Übersetzer übernehmen keine juristische Verantwortung oder irgendeine Haftung für evtl. verbliebene fehlerhafte Angaben und deren Folgen.

Alle Rechte vorbehalten

© disserta Verlag, Imprint der Diplomica Verlag GmbH
Hermannstal 119k, 22119 Hamburg
http://www.disserta-verlag.de, Hamburg 2015
Printed in Germany

Vorwort

Hinweis zu geschlechtsneutralen Formulierungen

Aus Gründen der Lesbarkeit sowie des persönlichen Sprachempfindens wird auf die Verwendung von Doppelnennungen verzichtet. Alle Aussagen in männlicher Form gelten ebenso gleichermaßen für das weibliche Geschlecht, welches trotz des Verzichts auf Doppelnennungen nicht ausgeschlossen werden soll.

Danksagung

Wer außer dem Autor noch hinter der Arbeit steckt, sollte nicht vergessen werden. Es haben viele Menschen zum Gelingen dieser Arbeit beigetragen, bei denen ich mich an dieser Stelle herzlich bedanken möchte. Zuerst möchte ich Prof. Dr. Hennermann für die große Unterstützung und die regelmäßigen Treffen ein großes Dankeschön aussprechen. Auf ihn konnte ich mich immer verlassen. Außerdem danke ich dem technischen Mitarbeiter Herrn Riegler, der sich immer sofort die Zeit nahm, um von mir gewünschte Konfigurationen der Atlassian-Produkte JIRA und Confluence durchzuführen und mir beratend zur Seite stand. Prof. Dr. Braun sowie der Firma Atlassian möchte ich für die Zurverfügungstellung von JIRA und Confluence im Rahmen der Hochschul-Lizenz danken. Ebenfalls danke ich meiner Freundin, besonders für ihre Geduld. Des Weiteren danke ich meinen Freunden, besonders Patrick, für die sehr hilfreichen fachlichen Diskussionen. Auch die Teilnehmer des Experiments haben mich sowohl durch ihre Teilnahme als auch konstruktive kritische Einwände unterstützt, wofür ich sehr dankbar bin. Vor allem danke ich hier Sebastian für die Einrichtung und Zurverfügungstellung der E-Mail-Adressen. Außerdem möchte ich mich noch bei Marie bedanken, die mir durch das Korrekturlesen gegen Ende der Bearbeitungszeit sehr viel Zeit, Nerven und vor allem Fehler erspart hat. Abschließend danke ich meiner Familie, die mir Rückhalt und Unterstützung gibt.

"Wenn Du ein Schiff bauen willst, so trommle nicht Männer zusammen, um Holz zu beschaffen, Werkzeuge vorzubereiten, Aufgaben zu vergeben und die Arbeit einzuteilen, sondern lehre die Männer die Sehnsucht nach dem weiten endlosen Meer."
Antoine de Saint-Exupéry (1900-1944)

Kurzfassung

Die im privaten Bereich weit verbreiteten Sozialen Medien ergeben auch für Unternehmen ein erhebliches Potential (siehe Abschnitt 1.1). Besonders die Art und Weise der Kommunikation wird durch Soziale Medien grundsätzlich verändert (siehe Abschnitt 2.2). In einem agilen Projektumfeld liegt der Fokus auf Flexibilität und einer iterativen Vorgehensweise. Dadurch werden eine bessere Performance, ein höherer Innovationsgrad, sowie ein gesteigerter Mehrwert für den Kunden trotz weniger Management-Aufwand angestrebt. Allerdings erfordert dies zwangsläufig einen höheren Kommunikationsbedarf, wodurch Enterprise Social Software im agilen Projektumfeld besonders an Bedeutung gewinnt (siehe Abschnitt 2.3). In der Studie werden, im Rahmen eines Laborexperiments mit 24 Masterstudenten, der Einsatz und die Auswirkungen von Enterprise Social Software im agilen Projektumfeld untersucht (siehe Kapitel 3). Zum einen wird hierbei eine Hypothese in Bezug auf die Kommunikationseffizienz sowohl aufgestellt (siehe Abschnitt 1.3) als auch überprüft (siehe Abschnitt 4.9) und zum anderen ein Etablierungskonzept für die Praxis erarbeitet (siehe Kapitel 6).

Abstract

Social media is an ubiquitous part within the general public, which fundamentally changed the way we communicate (see chapter 2.2). These changes indicate potential benefits in utilizing this form of interaction in modern companies (see chapter 1.1). Consistent performance, innovation and customer benefits are ubiquitous objectives. Agile processes aim to achieve these goals, while keeping the management overhead within a reasonable limit. However, they require elaborate forms of communication, thus demanding capable Enterprise Social Software (see chapter 2.3). Therefore, this thesis investigates the usage and its impact of Enterprise Social Software within agile projects by evaluating the experience of 24 graduate students (see chapter 3). In doing so, a hypothesis related to the communication efficiency is being stated (see chapter 1.3) and validated (see chapter 4.9) while designing an adoption-strategy for practical use (see chapter 6).

Inhaltsverzeichnis

1. Einleitung

Nach einer Erläuterung der Problemstellung und der Zielsetzung werden in diesem Kapitel der Aufbau sowie die Vorgehensweise behandelt. Ebenso werden die Sachhypothese und die dazugehörigen statistischen Hypothesen erläutert. Die Sachhypothese wird in Abschnitt 4.9 überprüft.

1.1 Problemstellung

Wäre es nicht schön, auch im Berufsleben nicht mehr in der täglichen E-Mail-Flut zu ertrinken und stattdessen bekannte Funktionalitäten sozialer Medien zu nutzen?

Aus einer Studie der International Data Corporation (IDC), die im August 2013 veröffentlicht wurde, wird das Potential von Social Media im Bereich von Unternehmen deutlich. Ein Drittel der befragten 359 Unternehmen setzt bereits Social Media ein, Tendenz steigend, sowohl für die externe Interaktion (beispielsweise mit Geschäftspartnern) als auch für die interne Zusammenarbeit. Bis 2017 wird für Enterprise Social Software ein Marktvolumen von 134 Millionen EUR prognostiziert, was im Vergleich zur Hochrechnung aus 2013 einer Vervierfachung entsprechen würde. Doch es gibt auch zu überwindende Hürden. Als größte Hürde wird die Messbarkeit des Einflusses auf die Geschäftsziele angegeben.[1]

Dies deckt sich mit den Aussagen einer Veröffentlichung im Rahmen der Wirtschaftsinformatik-Konferenz 2014 in Paderborn, welche basierend auf 26 Expertininterviews einen Bedarf an Erfolgsmessungsmodellen im Bereich Enterprise Social Software aufzeigt, die einfach und praktikabel sind und verschiedene Lebenszyklen sowie Aufwand-Nutzen-Aspekte betrachten.[2]

Somit besteht ein hoher Bedarf, beispielsweise Produktivitätsverbesserungen zu ermitteln. Allerdings sollten auch weiche Faktoren, wie beispielsweise eine Erhöhung der Mitarbeiterzufriedenheit, nicht außer Betracht gelassen werden.[3]

---

[1] Vgl. IDC (2013)
[2] Vgl. Herzog et al. (2014), Seite 10
[3] Vgl. IDC (2013)

In dem genannten Forschungsgebiet setzt diese Studie an. Es werden hierbei der Einsatz sowie die Auswirkungen von Enterprise Social Software untersucht. Der Anwendungsbereich wird hierbei auf das agile Projektumfeld eingegrenzt. Im Kern geht es um Flexibilität und Iteration, eine genauere Erläuterung zum agilen Projektumfeld findet sich im Abschnitt 2.3. Die erforderliche Flexibilität basiert auf häufigen Änderungen. Diese erhöhen zwangsläufig die notwendige Menge an Kommunikation, ebenso wie die genannte Iteration. Der Fokus auf das agile Projektumfeld wirkt sich somit vor allem durch eine intensive Ausprägung im Bereich Kommunikation aus, weshalb auch in diesem Bereich eine Hypothese aufgestellt (Abschnitt 1.3) und überprüft wird (Abschnitt 4.9).

1.2 Zielsetzung

Das Ziel dieser Studie teilt sich in zwei Teilziele auf.

Das erste Teilziel behandelt die Überprüfung der Hypothese "Durch den Einsatz von Enterprise Social Software (in Kombination mit klassischer Groupware) für die interne Kommunikation im agilen Projektumfeld lässt sich die Kommunikationseffizienz steigern, verglichen mit dem Einsatz klassischer Groupware-Lösungen." durch eine Vorstudie im Rahmen eines Laborexperiments.

Das zweite Teilziel befasst sich mit der Erstellung eines Konzepts für den Einsatz von Enterprise Social Software im agilen Projektumfeld in der Praxis.

1.3 Hypothese

Im Rahmen dieser Studie wird folgende Sachhypothese aufgestellt:

Durch den Einsatz von Enterprise Social Software (in Kombination mit klassischer Groupware) für die interne Kommunikation im agilen Projektumfeld lässt sich die Kommunikationseffizienz steigern, verglichen mit dem Einsatz klassischer Groupware-Lösungen.

Diese unterteilt sich in zwei statistische Hypothesen (siehe Abbildung 1). Der in den statistischen Hypothesen verwendete Begriff „klassische Groupware" repräsentiert im

Rahmen des Experiments Google Hangout, Google Drive, Thunderbird und JIRA (mit deaktivierten Social Software Funktionalitäten).

Statistische Hypothese 1:

Durch den Einsatz von Confluence (in Kombination mit klassischer Groupware) für die interne Kommunikation in Software-Beratungs-Projekten nach Kanban lässt sich die Anzahl an E-Mails, verglichen mit dem Einsatz klassischer Groupware-Lösungen, um durchschnittlich mindestens 90% senken. Der Output bleibt hierbei gleich.

Statistische Hypothese 2:

Durch den Einsatz von Confluence (in Kombination mit klassischer Groupware) für die interne Kommunikation in Software-Beratungs-Projekten nach Kanban lässt sich der Zeitaufwand für virtuelle Besprechungen, verglichen mit dem Einsatz klassischer Groupware-Lösungen, um durchschnittlich mindestens 20% senken. Der Output bleibt hierbei gleich.

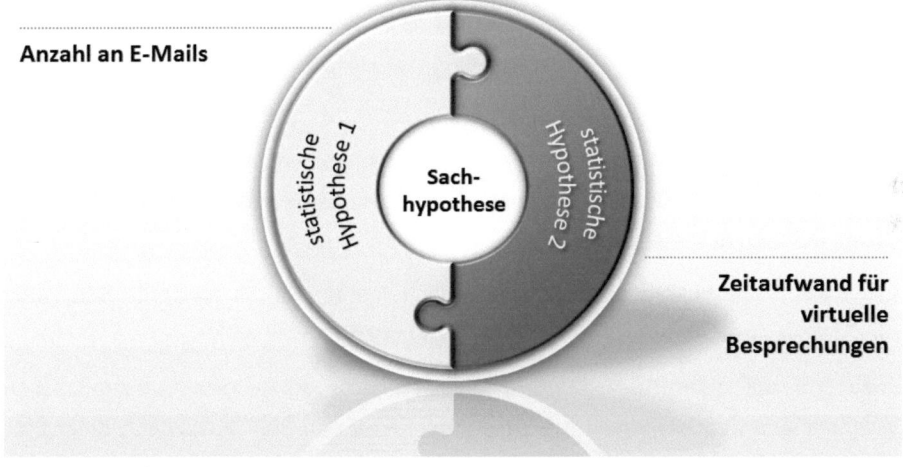

Abbildung 1: Aufteilung der Sachhypothese

1.4 Vorgehensweise

Basierend auf einer Literaturanalyse wird definiert, was im Rahmen dieser Studie unter Groupware, Enterprise Social Software, einem agilen Projektumfeld und Kommunikationseffizienz zu verstehen ist. Ebenso wird eine Sachhypothese aufgestellt, die sich in zwei statistische Hypothesen unterteilt, um die Sachhypothese messbar zu machen. Die Überprüfung der Hypothesen erfolgt durch eine Nutzungsdatenanalyse eines durchzuführenden Laborexperiments sowie einer Befragung im Rahmen dieses Experiments.

Die Struktur der Beschreibung des durchzuführenden und hier beschriebenen Experiments orientiert sich an einem Handbuch für Methoden der Organisationsforschung. Hierzu erfolgt eine Unterteilung in unabhängige Variablen, abhängige Variablen und Störvariablen. Da eine Ermittlung und Berücksichtigung aller möglichen Störvariablen bezogen auf den Wirkungszusammenhang unmöglich ist, müssen die Untersuchungseinheiten (hier: Teams) zufallsbasiert in eine Kontroll- und Experimentalgruppe zugeteilt werden. Wird dies berücksichtigt, gilt ein Experiment im kausal-wissenschaftlichen Paradigma bezüglich der Ermittlung der ursächlichen Wirkrichtung der Variablen als Königsweg, verglichen mit einer ausschließlichen Befragung.[4]

Durch die Kombination von experimenteller und nichtexperimenteller Forschung kann die häufig kritisierte Künstlichkeit eines Laborexperiments relativiert werden, was zu einer Erhöhung der Validität führt.[5]

Aus diesem Grund wird als Ergänzung des Experiments die erwähnte Befragung aller Versuchsteilnehmer mit Hilfe eines Fragebogens durchgeführt.

Basierend auf einer Auswertung des Experiments sowie einer konzeptionellen Vorarbeit wird abschließend ein Etablierungskonzept für den Einsatz von Enterprise Social Software im agilen Projektumfeld in der Praxis erarbeitet.

---

[4] Vgl. Kühl (2009), Seite 534 ff.
[5] Vgl. Kühl (2009), Seite 554

4

1.5 Aufbau

Die vorliegende Studie teilt sich gemäß Abbildung 2 in 7 Kapitel auf. Die einzelnen Kapitel sind stark miteinander verknüpft. Die entsprechenden Verknüpfungen werden im Text jeweils explizit erwähnt.

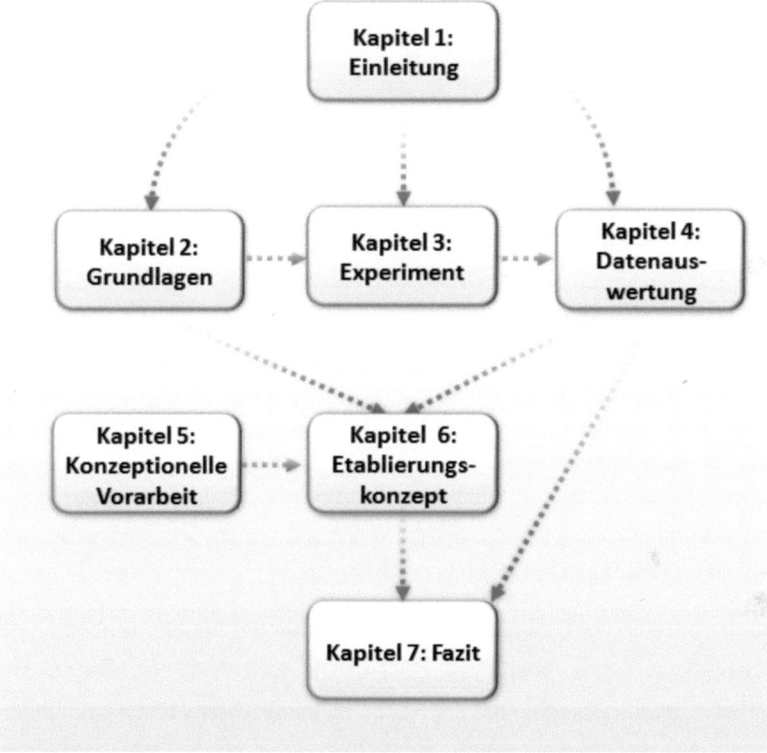

Abbildung 2: Aufbau der Arbeit

Durch Kapitel 1 erhält der Leser eine Einführung, welche durch das Vermitteln von Grundlagen sowie notwendigen Definitionen im zweiten Kapitel vervollständigt wird. Im Anschluss daran wird ein durchzuführendes Laborexperiment beschrieben (Kapitel 3), analysiert, ausgewertet und zur Überprüfung der Hypothese verwendet (Kapitel 4). Danach erfolgt eine konzeptionelle Vorarbeit (Kapitel 5), welche als zusätzliche Grundlage für die Konzepterstellung (Kapitel 6) dient. Kapitel 7 schließt die Studie mit einem Fazit ab.

2. Grundlagen

In diesem Kapitel werden theoretische Grundlagen vermittelt und Begriffe definiert, die in den darauffolgenden Kapiteln verwendet werden.

2.1 Groupware

Für Groupware gibt es unzählige Definitionen in der Literatur. Im Folgenden werden einige Definitionen aus der Entstehungszeit von Groupware betrachtet.

Johansen sieht 1988 in Groupware sowohl Hardware, Software, Dienste, als auch Gruppenprozess-Support für kollaborative Arbeitsgruppen, die in der Regel aus kleinen Projektteams bestehen, enge Zeitfenster haben und bedeutsame Aufgaben erledigen müssen ("... a generic term for specialised computer aids that are designed for the use of collaborative work groups. Typically, these groups are small, project-oriented teams that have important tasks and tight deadlines. Groupware can involve software, hardware, services, and/or group process support.").[6]

Opper und Fersko-Weiss verstehen 1991 unter Groupware Informationssysteme zur elektronischen Zusammenarbeit von Gruppen ("Groupware is any information system designed to enable groups to work together electronically.").[7]

Lewe und Krcmar bezeichnen Groupware im gleichen Jahr als Kommunikations- und Informationstechnologie für Gruppenarbeit ("Mit CSCW wird das Forschungsgebiet bezeichnet, das sich ganz allgemein mit der Rolle von Informations- und Kommunikationstechnologien bei der Gruppenarbeit beschäftigt, während Groupware die beforschte Technologie selbst bezeichnet.").[8]

Finke sieht in Groupware ein Jahr später grundsätzlich eine effektive und effiziente Zusammenarbeit sowie die Identifikation und Auswertung von Informationen ("... handelt es sich bei Groupwaresystem [sic!] um Softwareprodukte, die es Arbeitsgruppen ermöglichen, effizient und effektiv im Rahmen gemeinsamer Aufgabenstellungen zusammenzuarbeiten und die gleichzeitig dazu beitragen,

---

[6] Johansen (1988), Seite 1
[7] Opper, Fersko-Weiss (1991), Seite 4
[8] Lewe, Krcmar (1991), Seite 1

Informationen im Rahmen von Arbeitsprozessen besser zu erschließen und verwerten.").[9]

Im Rahmen dieser Arbeit wird daher Groupware grundsätzlich als *„Software zur Gruppenzusammenarbeit"* definiert, wobei im Folgenden eine Betrachtung der konkreten Funktionalitäten erfolgt.

Koch und Richter zählen zu Groupware E-Mails, gemeinsame To-Do-Listen/Adressbücher/Terminkalender. Ebenfalls verstehen sie darunter Informationsräume, um gemeinsame Datenbestände zu verwalten. Außerdem zählen sie Instant-Messaging, Gruppeneditoren und Konferenzsysteme dazu.[10]

Für diese Arbeit werden, mit Ausnahme von Instant-Messaging, alle genannten Funktionalitäten dem Begriff Groupware zugeordnet.

Der Grund für die Definition von Groupware im Rahmen dieses Unterkapitels ist die Verwendung dieses Begriffs in Kapitel 3 und 4.

2.2 Enterprise Social Software

Im Rahmen dieser Arbeit werden die Begriffe "Enterprise 2.0", "Enterprise Web 2.0", "Social Software für Unternehmen", "Social Networking Services für Unternehmen", "Social Media für Unternehmen", "Enterprise Social Networks" und "Web 2.0 für Unternehmen" synonym mit "Enterprise Social Software" verwendet. Dieser Hinweis soll zum einen den Lesefluss erleichtern, aber auch auf die Suchbegriffe im Rahmen der Literaturrecherche aufmerksam machen. Es wurde jeweils sowohl nach "Unternehmen" als auch "Firma" bzw. "Firmen" gesucht und im Englischen "Organization", "Enterprise" und "Company" (inkl. dazugehöriger Mehrzahlformen).

Da Begriffe wie Wiki, Blog etc. in der Regel bekannt sind und in der Literatur häufig genug erläutert werden, wird im Rahmen dieser Arbeit auf entsprechende Beschreibungen verzichtet.

Soziale Medien wie beispielsweise Facebook sind im privaten Bereich weit verbreitet, doch auch für den geschäftlichen Bereich ergibt sich ein erhebliches Potential.

---

[9] Finke (1992), Seite 25
[10] Vgl. Koch, Richter (2009), Seite 17

Allerdings herrscht in vielen Unternehmen Unkenntnis über die genaue Bedeutung und Herausforderungen.[11]

Besonders die Art und Weise der Kommunikation wird durch Social Media verändert. Es handelt sich sowohl im Privatbereich als auch in Unternehmen nicht um eine vorübergehende Erscheinung. Betroffen ist vielmehr die Unternehmenskultur anstatt der Technologie. Es stellt für Unternehmen daher eine der größten Herausforderungen in der heutigen Zeit dar, da sowohl die Organisation, die Führung als auch die Mitarbeiter betroffen sind. Die Umsetzung ist häufig tiefgreifend und langwierig.[12]

Geprägt wurde der Begriff "Enterprise 2.0", der im Rahmen dieser Arbeit, wie bereits erwähnt, synonym mit "Enterprise Social Software" verwendet wird, durch Andrew McAfee im Jahr 2006: "Enterprise 2.0 is the use of emergent social software platforms within companies, or between companies and their partners or customers.".[13] Somit geht es nicht nur um eine ausschließliche Verwendung innerhalb der eigenen Firma, sondern auch beispielsweise um die Kommunikation mit dem Kunden.

McAfee listet 2006 in seiner vielzitierten Veröffentlichung "Enterprise 2.0: The Dawn of Emergent Collaboration" sechs Komponenten von Enterprise 2.0 auf:[14]

1. Search: Die Benutzer müssen das, wonach sie suchen, auch finden können.
2. Links: Möglichst vielen Benutzern muss die Möglichkeit gegeben werden, Links zu setzen.
3. Authoring: Viele Menschen haben die Sehnsucht, selbst Autor zu sein bzw. einer großen Zielgruppe etwas mitzuteilen. Mit Hilfe von Blogs (kumulative Erstellung von Inhalten) und Wikis (iterative Erstellung von Inhalten) wird dies den Benutzern ermöglicht. Die Qualität der Inhalte bleibt dabei erstaunlicherweise hoch.
4. Tags: Im Gegensatz zu vordefinierten Kategorien können Inhalten Ein-Wort-Beschreibungen (sogenannte "Tags") zugeordnet werden, die von den Benutzern vergeben werden. Auch wenn diese teilweise redundant und nicht multidimensional sind, haben sie den Vorteil, dass tatsächlich gegebene Zusammenhänge und Strukturen verwendet werden statt Vordefinierte, die eventuell gar nicht gebräuchlich sind.

---

[11] Vgl. Lembke, Soyez (2012), Seite 197
[12] Vgl. Lembke, Soyez (2012), Seite 209
[13] McAfee (2006b)
[14] Vgl. im Folgenden McAfee (2006a), Seite 23-25

5. Extensions: Bei Extensions geht es um automatisierte Vorschläge, basierend auf den aktuell besuchten Seiten. Ein bekanntes Beispiel hierfür ist das Amazon Empfehlungssystem.

6. Signals: Um über relevante, neu eingestellte Inhalte benachrichtigt zu werden, sind sogenannte Signale erforderlich, möglichst per RSS (Really Simple Syndication) statt per E-Mail.

Auf diese Komponenten wird im Rahmen der Definition von Enterprise Social Software weiter unten Bezug genommen.

Nach McAfee sind eine offene Unternehmenskultur sowie eine gemeinsame Plattform ebenso notwendig, wie die Einbeziehung der Mitarbeiter und die Unterstützung der Geschäftsführung.[15] Ebenso muss aber jedes Unternehmen individuell seine Stärken und Schwächen identifizieren und bei dem Einsatz von Enterprise Social Software berücksichtigen.[16]

Koch und Richter grenzen Social Software von Groupware grundsätzlich wie folgt voneinander ab:[17]

Groupware legt den Fokus auf eine vereinfachte Zusammenarbeit aller Beteiligten einer Organisation oder eines Teams, während Social Software auf eine hohe Benutzbarkeit zur Unterstützung von sozialen Netzwerken sowie der Unterstützung von Gemeinschaften abzielt. Ebenso wird für Social Software ein größerer Personenkreis der Interaktionspartner angegeben.

Groupware ist eher top-down-orientiert, während Social Software als bottom-up gesehen werden kann. Es werden bei Social Software also Funktionalitäten durch die Software bereitgestellt, aber dem Anwender überlassen, wie diese genutzt werden, während bei Groupware sehr viel vorgegeben bzw. erzwungen wird und die Teams vorab zusammengestellt werden. Es ist somit selten eine Selbstorganisation gegeben.

Die Erkenntnisse von McAfee sowie Koch und Richter werden im Konzeptteil dieser Arbeit (Kapitel 6) nochmals aufgegriffen.

Eine für die Europäische Kommission erstellte Studie zum Thema "Enterprise 2.0" versteht unter einem Komplettpaket im Bereich Enterprise 2.0 Tools zur Identifikation

---

[15] Vgl. McAfee (2006a), Seite 26-28
[16] Vgl. Koch, Richter (2009), Seite 15 f.
[17] Vgl. im Folgenden Koch, Richter (2009), Seite 20

von Experten, Auffinden/Kennzeichnen/Teilen von nützlichen Informationen sowie der gemeinsamen Erstellung von Inhalten in Wikis. Ebenso muss eine gemeinsame Wissensbasis gegeben sein und eine Verlinkung der Inhalte untereinander ermöglicht werden.[18]

Eine Zuordnung zu den von McAfee genannten Komponenten zeigt, dass durch die Definition des Komplettpaketes die Komponenten "Search", "Links", "Authoring" sowie "Tags" abgedeckt werden. Hingegen werden "Extensions" und "Signals" nicht explizit abgedeckt. Für die Definition eines Komplettpaketes im Rahmen dieser Arbeit werden somit ebenso eine RSS Unterstützung sowie automatisierte Vorschläge basierend auf besuchten Seiten aufgenommen.

Zur konkreten Charakterisierung ordnen Koch und Richter Social Software die Anwendungsklassen Blogs (Microblogs und Weblogs), Wikis sowie Gruppeneditoren, Social Bookmarking/Tagging/Networking Dienste und Instant Messaging zu.[19]

Die von Koch und Richter genannten Anwendungsklassen für Social Software werden im Rahmen dieser Arbeit auch für Enterprise Social Software übernommen, mit Ausnahme von Gruppeneditoren, da diese bereits Groupware zugeordnet sind.

Eine Kombination der 2006 von McAfee aufgestellten Begriffsbestimmung und Komponentenerläuterung mit den modifizierten Zuordnungen von Koch und Richter sowie einer für die Europäische Kommission erstellten Studie (inkl. genannter Ergänzungen) ergibt für diese Arbeit folgende Definition:

Unter Enterprise Social Software werden folgende Tools verstanden, welche in der Regel kombiniert werden oder im besten Fall in einer Komplettlösung abgedeckt sind:

- *Identifizieren von Experten durch Social Networking, unterstützt durch automatisierte Vorschläge basierend auf besuchten Seiten*
- *Auffinden von Inhalten durch eine übersichtliche Gestaltung, automatisierter Vorschläge basierend auf besuchten Seiten sowie eine integrierte Suchfunktion für Blog und Wiki*
- *Kennzeichnen mit Hilfe von Social Tagging*

---

[18] Vgl. Osimo et al. (2010), Seite 15
[19] Vgl. Koch, Richter (2009), Seite 13

- kumulatives Teilen von nützlichen Informationen durch Blog und Social Bookmarking

- inkrementelles, gemeinsames Erstellen von Inhalten durch Wikis

Hierbei müssen die Inhalte untereinander verlinkt werden können, auf neue oder geänderte Inhalte durch RSS Unterstützung hingewiesen werden und eine gemeinsame Wissensbasis besitzen. Als Ergänzung zu den oben genannten Tools dient für eine eilige schriftliche Kontaktaufnahme Instant Messaging.

Die genannten Tools können hierbei sowohl innerhalb Firmen (intern) als auch zwischen Firmen und ihren Geschäftspartnern (extern) eingesetzt werden.

Tabelle 1 zeigt die sich aus der Definition entsprechende Abgrenzung im Kontext dieser Arbeit zwischen Groupware (Abschnitt 2.1) und Enterprise Social Software:

Groupware	Enterprise Social Software
E-Mails	Blogs (Microblogs/Weblogs)
gemeinsame To-Do-Listen	Wikis
gemeinsame Adressbücher	Social Bookmarking
gemeinsame Terminkalender	Social Tagging
Informationsräume zur Verwaltung gemeinsamer Datenbestände	Social Networking
Gruppeneditoren	Instant Messaging
Konferenzsysteme	

Tabelle 1: Groupware vs. Enterprise Social Software

Im Folgenden wird eine Fallstudie im Bereich Enterprise Social Software betrachtet, die als Grundlage für Abschnitt 3.5.5 verwendet wird. Die betrachtete Firma der Fallstudie ist die ABB AG aus der Schweiz, die im Bereich Automatisierungs- und Energietechnik tätig sind und Blogs sowie Wikis einsetzen. Die Nutzeranzahl beträgt 180 und die Datenerhebung fand von Mai bis November 2009 statt. Zur erfolgreichen Nutzung und Implementierung haben diverse Faktoren geführt, die im Folgenden erläutert werden. Mit Hilfe einer Wiki-Tour wurde eine große Zielgruppe angesprochen und zur Nutzung animiert. Ebenso erwies sich eine Beratung und Motivation potentieller Meinungsmacher als sinnvoll, da diese als Multiplikatoren dienten. Des

Weiteren wurden kompetente Mitarbeiter zur Sicherstellung der Informationsvalidität ausgewählt, sie betreuten sozusagen indirekt die Benutzer durch die Vermittlung einer Sensibilität bezüglich der Daten. Außerdem trug eine Kombination aus dem Feedback der Anwender und regelmäßiger Besprechungen zwischen der Kommunikationsabteilung und der „Trendschmiede-Mitglieder" zur kontinuierlichen Optimierung der Lösung bei. Zusätzlich wurde die Nutzerakzeptanz positiv durch eine weitestgehend offene Unternehmenskultur beeinflusst, ebenso wie durch die aktive Software-Nutzung des Managements. Diese zeigte sich durch das Verfassen von Beiträgen sowie die Reaktion auf Inhalte. Außerdem wurde vom Management die Software-Verbreitung unterstützt. Abschließend sind noch systembezogene Faktoren sowie ein externer Faktor als Erfolgsfaktoren zu erwähnen. Systembezogen war die Wiki-Anbindung an den Newsletter und Blog, die Befüllung mit Inhalten sowie die Einrichtung abgetrennter Projekträume. Der externe Faktor ist die Medienpräsenz von „Web 2.0", was zu Interesse und Aufgeschlossenheit führte.[20]

2.3 Agiles Projektumfeld

Eine vom Massachusetts Institute of Technology (MIT) in 2014 veröffentlichte Studie zeigt auf, dass 28% der betrachteten Projekte eine agile Methode verwendeten. Die drei größten Sektoren dieser agilen Projekte sind die Software-Industrie (37%), Finanzdienstleistungen (15%) sowie die Beratung (10%).[21]

Die Studie basiert auf 856 ausgefüllten Fragebögen, die Teilnehmer waren „Professionals" und stammen aus 76 Ländern.[22] Die Ergebnisse zeigen, dass agile Praktiken unabhängig von dem Innovationsgrad und der Produkttypen eingesetzt werden und nicht nur in Industrien mit Fokus auf Software. Daher muss die Theorie der Agilität weiter untersucht werden.[23]

Im Bereich der Softwareentwicklung existiert gegenüber dem klassischen Projektmanagement im agilen Projektmanagement keine starre Planung, da Flexibilität bedeutsam ist. Klassische Vorgehensmodelle werden nicht ausgeschlossen aber auch nicht

---

[20] Vgl. Steinhüser, Räth (2010), Seite 1f. und 12f.
[21] Vgl. Conforto et al. (2014b), Seite 14
[22] Vgl. Conforto et al. (2014b), Seite 8
[23] Vgl. Conforto et al. (2014b), Seite 22

befürwortet. Es geht vielmehr um Best Practices und kurze, iterative Entwicklungs-inkremente.[24]

Während der <u>Mensch</u> im klassischen Projektmanagement eine Ressource darstellt, steht er im agilen Umfeld <u>im Mittelpunkt</u> bzw. wird als <u>Haupterfolgsfaktor</u> gesehen.[25]

Die Studie des MIT sieht ein agiles Management, nicht nur bezogen auf den Softwarebereich, als „an approach based on a set of principles whose goal is to render the process of project management simpler, more flexible and iterative in order to achieve better performance (cost, time and quality), with less management effort and higher levels of innovation and value added for the customer".[26]

Es wird somit sowohl im Bereich der Softwareentwicklung als auch allgemein bezogen auf ein agiles Management die **Flexibilität** sowie die **iterative Vorgehensweise** hervorgehoben. Als Ziele werden in obenstehender Definition des MIT eine bessere Performance, ein höherer Innovationsgrad sowie ein gesteigerter Mehrwert für den Kunden trotz weniger Management-Aufwand genannt.

Im Rahmen dieser Arbeit wird daher unter einem agilen Projektumfeld ein Projektmanagement mit Fokus auf Flexibilität und Iteration verstanden.

Basierend auf der Studie zieht das MIT folgende allgemeine Schlussfolgerungen (im Folgenden mit "S" abgekürzt) für ein agiles Projektmanagement, die für Kapitel 6 relevant sind:

Agilität ist besonders bei <u>innovativen Projekten (S1)</u> ausschlaggebend und nicht unbedingt eine Frage der Methodik, sondern eher der <u>Kompetenz (S2)</u>. Ebenso ist <u>Flexibilität (S3)</u> ein Kernelement von Agilität, da Änderungen an der Tagesordnung sind. Neben einer <u>einfachen Umsetzung (S4)</u> von Praktiken, Tools und Prozessen sind auch eine <u>Selbstorganisation (S5)</u> in den Projektteams sowie ein <u>hybrides Framework (S6)</u>, das auf verschiedene Arten von Projekten ausgerichtet ist, erforderlich.[27]

Ebenso spielen <u>individuelle Kompetenzen (S7)</u> wie beispielsweise eine positive Einstellung gegenüber Herausforderungen in Veränderungen eine Rolle. Außerdem

---

[24] Vgl. Trepper (2012), Seite 106
[25] Vgl. Trepper (2012), Seite 103
[26] Conforto et al. (2014a), Seite 2
[27] Vgl. Conforto et al. (2014b), Seite 19

sind Erfahrungen mit gleichen oder ähnlichen Projekten (S8), sowie eine Interaktion im Team (S9), die wiederum abhängig von der Teamgröße (S10) ist, erforderlich. Des Weiteren sind eine Kollaboration (S11) im Team sowie iterative Problem-Lösungsprozesse (S12) und die Einbeziehung von Stakeholdern (S13) sehr bedeutend.[28]

Da im Rahmen des Experiments (Kapitel 3) der agile Prozess Kanban verwendet wird, wird im Folgenden Kanban im Softwareumfeld betrachtet.

Aus einer in 2013 veröffentlichten systematischen Literaturrecherche mit dem Thema "Kanban in software development: A systematic literature review" geht hervor, dass Kanban in der Softwareentwicklung erstmals von David J. Anderson im Jahre 2004 im Rahmen eines IT-Projekts bei Microsoft entstand.[29]

Kanban in der Softwareentwicklung kann in verschiedene Praktiken eingeteilt werden:

1. Visualisierung: Auf einem Kanban-Board werden mit Hilfe von Signalkarten Anforderungen visualisiert und in verschiedene Phasen der Wertschöpfungskette eingeordnet. Je Phase gibt es eine mengenmäßige Begrenzung an Anforderungen.[30]

2. Begrenzung nicht abgeschlossener Arbeit: Die Anzahl nicht abgeschlossener Arbeiten wird je Zustand limitiert.[31]

3. Überwachung und Steuerung des Flusses: Durch die Überwachung und Steuerung des Flusses soll ein schneller und gleichmäßiger Fluss sichergestellt werden.[32]

4. Eindeutige Richtlinien: Richtlinien müssen eindeutig definiert sein, um Prozessverbesserungen durchführen zu können.[33]

5. Feedback-Schleifen: Durch Soll/Ist-Vergleiche können Prozessverbesserungen ermöglicht werden. Eine der vier spezifischen Feedback-Praktiken ist das Operations Review.[34]

---

[28] Vgl. Conforto et al. (2014b), Seite 21
[29] Vgl. Ahmad, Markkula, Oivo (2013), Seite 10
[30] Vgl. Epping (2011), Seite 115 und Vgl. Anderson (2014)
[31] Vgl. Anderson (2014)
[32] Vgl. Anderson (2014)
[33] Vgl. Anderson (2014)

Die spezifische Praktik Operations Review wird im Rahmen des Experiments (Kapitel 3) verwendet, weshalb hierauf näher eingegangen wird. Zum besseren Verständnis wird im Folgenden zuerst die Retrospektive betrachtet, bevor das Operations Review erläutert wird.

Ein regelmäßiges Treffen aller Team-Mitglieder sowie gegebenenfalls weiterer relevanter Personen in der Wertschöpfungskette zur Identifizierung von Ballast mit einer Zeitbegrenzung von 1 Stunde wird als Retrospektive bezeichnet. Zu beachten gilt, dass es hier nicht um eine inhaltliche Abstimmung geht.[35] Eine Retrospektive wird als Operations Review bezeichnet, wenn Veränderungen der Unternehmenskultur und Arbeitspraktiken institutionalisiert werden sollen, um Vertrauen aufzubauen, Prozessverbesserungen voranzutreiben und Transparenz zu schaffen.[36]

6. Experimentelle Entwicklung und kollaborative Verbesserung: Modelle in Kombination mit wissenschaftlichen Methoden ermöglichen kollaborativ, Auswirkungen von Änderungen besser zu prognostizieren.[37]

2.4 Kommunikationseffizienz

Bei der Effektivität geht es um Leistungsanforderungen, während Effizienz den wirtschaftlichen Grad eingesetzter Ressourcen des Unternehmens zum Erreichen der Leistungsanforderungen berücksichtigt.[38]

Das Wirtschaftlichkeitsprinzip, nach dem vorgegebene Ziele durch möglichst geringen Mitteleinsatz oder eine Maximierung angestrebter Ziele durch minimalen Mitteleinsatz erreicht werden sollen, wird durch Effizienz widergespiegelt. Hierbei werden sowohl monetäre als auch nicht-monetäre Kenngrößen berücksichtigt.[39]

Eine Literaturstudie, in der mehr als 180 Beiträge betrachtet wurden, weist den Begriff der Effizienz als Verhältnis zwischen Output und Input nach.[40]

---

[34] Vgl. Anderson (2014)
[35] Vgl. Epping (2011), Seite 125 f.
[36] Vgl. Anderson (2007)
[37] Vgl. Anderson (2014)
[38] Vgl. North, Güldenberg (2008), Seite 106
[39] Vgl. Schwarz (2012), Seite 9
[40] Vgl. Ahn (2003), Seite 90 ff.

Unter Kommunikationseffizienz wird im Rahmen dieser Arbeit daher eine auf Kommunikation bezogene Wirtschaftlichkeit verstanden, die den Output im Verhältnis zum Input darstellt. Der Output wird hier durch den Mehrwert der Kommunikation definiert, während der Input den Aufwand für die Kommunikation repräsentiert. Sowohl Output als auch Input müssen hierbei nicht ausschließlich monetär bewertbar sein.

3. Experiment

Im Folgenden werden allgemeine Rahmenbedingungen, der Versuchsaufbau und die Durchführung des Laborexperiments, das zur Überprüfung der Hypothese sowie zur Erstellung des Konzepts dient, beschrieben. Außerdem wird der zu dem Experiment gehörende Fragebogen erläutert.

3.1 Allgemeine Rahmenbedingungen

Das Laborexperiment wird im Rahmen der Master-Vorlesung „Kollaborative Business-Prozesse und -Systeme" an der Hochschule für angewandte Wissenschaften Würzburg-Schweinfurt Abteilung Würzburg (Dozent: Prof. Dr. Hennermann) durchgeführt. Es werden in 6 Teams (insgesamt 24 Teilnehmer) verschiedene Kollaborations-Lösungen für einen Anwendungsfall einer Beispielfirma evaluiert. Gegen Semesterende wird die ausgewählte Lösung präsentiert. Es handelt sich bei der Aufgabenstellung um eine Modifizierung des Unternehmensplanspiels "Enterprise 2.0 - The Game" des "University Competence Center for Collaborative Technologies powered by IBM". Die Bearbeitung ist in 4 Arbeitspakete aufgeteilt. Das Experiment wird im Rahmen des Arbeitspaketes 3 durchgeführt und teilt sich in 2 Aufgaben (Task 1 und Task 2) auf. In Task 1 geht es um eine Auswahl von Enterprise Social Software Tools, die zusätzlich Bibliotheken und Workflows abdecken. Bei Task 2 muss die Bibliothek, die Tagging-Funktionalität und die Workflowfunktionalität simuliert werden.

Das Experiment startet am 13.05.2014 und endet am 17.06.2014. Die Veröffentlichung der Unterlagen zur Aufgabe 1 des Arbeitspaketes 3 erfolgt am 15.05.2014, Aufgabe 2 wird erst am 01.06.2014 veröffentlicht. Der Zeitraum vom 13.5. - 15.5. ist für das Lesen der Experiment-Vorgaben sowie die Software Einarbeitung vorgesehen.

An dem Experiment nehmen 23 männliche und 1 weiblicher Masterstudent(en) des Studiengangs "Informationssysteme" teil. Der geschätzte Altersdurchschnitt liegt bei circa 25 Jahren und die Gruppe besteht aus den Bachelorabschlüssen Wirtschaftsinformatik und Informatik, wobei es sich tendenziell um mehr Informatiker handelt.

Einige Studenten haben vor dem Studium eine Berufsausbildung absolviert (häufig im IT-Umfeld), andere nicht. Im Bachelorstudium wurden beispielsweise Business Software, Business-Technologies oder andere Schwerpunkte belegt. Die im Rahmen des Experiments verwendeten Tools haben alle Teilnehmer schon einmal genutzt, mit Ausnahme von JIRA und Confluence, welche für die meisten komplett neu sind.

3.2 Problembeschreibung

Untersucht wird, ob sich die Kommunikationseffizienz durch den Einsatz von Enterprise Social Software für die interne Kommunikation im agilen Projektumfeld steigern lässt. Hierzu wird klassische Groupware (im Folgenden Szenario „Groupware") mit einer Kombination aus Enterprise Social Software und klassischer Groupware (im Folgenden Szenario „Enterprise Social Software") verglichen. Der Autor dieser Arbeit besitzt ein Masterkonto für die Überwachung der gesamten E-Mail-Kommunikation sowie vollen Zugriff auf die Inhalte des Projektmanagement-Tools sowie der Enterprise Social Software aller Gruppen. Dies wurde mit den Teilnehmern des Experiments abgesprochen.

3.3 Unabhängige und abhängige Variablen

Unabhängige Variablen:

Team-Zuteilung zu den Szenarien „Groupware" und „Enterprise Social Software"

Abhängige Variablen:

- Anzahl an E-Mails
- Zeitaufwand für virtuelle Besprechungen

3.4 Experiment-Aufbau

Um statt einer spontanen Face-to-face-Interaktion die Interaktion in Organisationen abzubilden, muss der Experimentaufbau so konzipiert sein, dass die Team-Mitglieder für den Zeitraum des Experiments in einer Art Organisation verbunden sind, um die notwendige Hierarchie-Akzeptanz und Zweckerfüllung widerzuspiegeln.[41]

Dies ist in dem hier beschriebenen Experiment der Fall, da je Team eine Hierarchie (Team-Leiter und Team-Mitglieder) und eine Zweckerfüllung (Aneignen von Kenntnissen, Erreichen einer guten Note usw.) gegeben sind.

Zu Beginn werden die Teams alphabetisch sortiert durchnummeriert: "antuprise" ist Team 1, "B3R" ist Team 2, "Business Information Architects AG" ist Team 3, "cometogether solutions" ist Team 4, "Palm Consulting" ist Team 5 und "Yogurt - IT-Consulting" ist Team 6. Durch Werfen eines Würfels wird die Zuteilung in Kontroll- und Experimentalgruppen randomisiert vorgenommen (eine geworfene Zahl 1,2 oder 3 bedeutet, dass Team 1 bis 3 zuerst in der Kontrollgruppe ist). Das Ergebnis des Würfelwurfes ist 2. Somit darf Team 1 bis 3 für die Kommunikation im Rahmen von Aufgabe 1 lediglich klassische Groupware einsetzen, während Team 4 bis 6 für Aufgabe 2 eine vorgegebene Enterprise Social Software in Kombination mit Groupware einsetzt. Bei Aufgabe 2 erfolgt ein Wechsel, d.h. Team 1 bis 3 arbeitet nun mit Enterprise Social Software kombiniert mit Groupware und Team 4 bis 6 mit klassischer Groupware. Durch den Wechsel soll sichergestellt werden, dass nicht eventuell vorhandene Unterschiede der Aufgabenschwierigkeit das Ergebnis verfälschen.

Um eine gewisse Gleichheit der Teams zwischen den Versuchs- und Kontrollgruppen sicherzustellen, wird zusätzlich das Parallelisieren angewandt. Hierzu werden dem Experiment entsprechende Tests vorgeschaltet. Vgl. Kühl (2009), Seite 541

In dem hier durchgeführten Experiment werden die Tests durch eine Analyse vorliegender Bewertungen ersetzt. Die Bewertungen wurden vom Dozenten für die Arbeitspakete 1 und 2 im Rahmen der Vorlesung durchgeführt. Gemäß Abbildung 3 ist erkennbar, dass sich die Summe von Team 1 bis 3 (116 Punkte) von der Summe von Team 4 bis 6 (111 Punkte) um insgesamt lediglich 5 Punkte (4,5%) und somit je Team im Durchschnitt um gerundet 1,7 Punkte unterscheidet.

---

[41] Vgl. Kühl (2009), Seite 537 f.

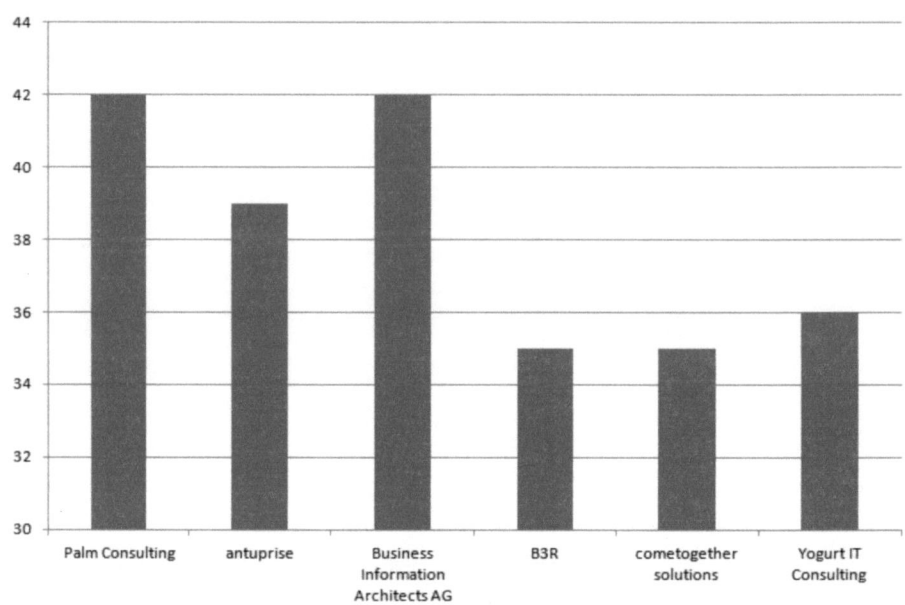

Abbildung 3: Team-Bewertung aus vorherigen Arbeitspaketen

Zusammenfassend ergibt sich folgende Aufteilung:

Aufgabe1:

Experimentalgruppen: Team 4,5,6

Kontrollgruppen: Team 1,2,3

Aufgabe 2:

Experimentalgruppen: Team 1,2,3

Kontrollgruppen: Team 4,5,6

Task 1 von WP3   Task 2 von WP3

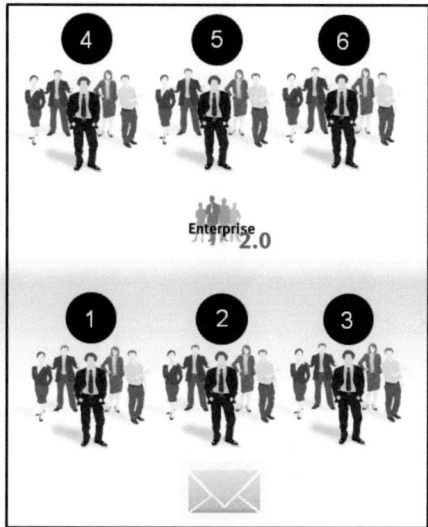

Abbildung 4: Aufteilung in Experimental- und Kontrollgruppen

3.5 Vorgaben an Experiment-Teilnehmer

In diesem Unterkapitel wird beschrieben, welche Vorgaben die Teilnehmer des Experiments bekommen haben. Es wurde darauf geachtet, im Vorfeld möglichst viel vorzugeben, um die Durchführung des Experiments einheitlich zu gestalten und die Qualität zu erhöhen.

3.5.1 Allgemeine Vorgaben

Im Rahmen des Experiments wird folgendes Szenario definiert: Jedes Team-Mitglied sitzt an einem anderen Standort. Aus diesem Grund ist es nicht erlaubt, vor Ort über das Projekt zu reden. Dies würde die Ergebnisse verfälschen. Falls vor Ort aus Versehen doch über das Projekt geredet wird, muss die Kommunikation nachträglich „abgebildet" (je nachdem per E-Mail oder in der Enterprise Social Software) und in der Zeiterfassung berücksichtigt werden.

Jedes Team hat das Arbeitspaket 3, das sich in 2 Aufgaben (je 10 Punkte) aufteilt, zu bearbeiten. Aufgabe 1 muss bis Ende Mai abgeschlossen sein, danach erfolgt der Start für Aufgabe 2.

3.5.2 Tool-Vorgaben

Als Projektverfolgungstool ist JIRA von der Firma Atlassian einzusetzen. Es werden hier auch Workflows ermöglicht. Somit wird in beiden Szenarien (Groupware vs. Enterprise Social Software in Kombination mit Groupware) JIRA verwendet. Da JIRA auch Elemente einer Enterprise Social Software hat, wurden diese für das Experiment deaktiviert. Ebenfalls ist durch Klick auf „Startseite" - „Dashboards verwalten" - „Populär" das „WP3-Dashboard" auszuwählen und zu den Favoriten hinzufügen (durch Klick auf „fügen Sie es den Favoriten hinzu"). Im Groupware-Szenario sind speziell dafür eingerichtete E-Mail-Adressen zu nutzen (vorname.nachname@mywue.de). Als E-Mail-Programm wird Thunderbird vorgegeben. Für Telefon/-Videokonferenzen ist von Google Hangout Gebrauch zu machen, allerdings darf im Groupware-Szenario die Chatfunktion nicht benutzt werden. Google Drive ist als Dokumentenmanagement-System zu verwenden, weitere Funktionalitäten von Google Drive sind nicht erlaubt. Jedes Team hat zur besseren Vergleichbarkeit die gleiche Enterprise Social Software einzusetzen. Hierzu wird Confluence von der Firma Atlassian verwendet. Die Einarbeitungszeit in Confluence ist nicht zu erfassen und wird somit für den Effizienzvergleich zwischen Groupware und Enterprise Social Software nicht berücksichtigt, da die Einarbeitungszeit kein kontinuierlicher Aufwand ist.

Die Nutzung von Confluence hat wie folgt zu erfolgen: Foren für die Abstimmung im Team, unterteilt in verschiedene Themen. Wiki als „Notizblock" für Ideen, zur Fehlerprotokollierung der Qualitätssicherung und als Grundlage für Operation Reviews. Nachrichten an eine Person sind in Confluence nicht möglich und sollten ohnehin vermieden werden, falls diese trotzdem notwendig sind, hat dies per E-Mail zu erfolgen. Im Enterprise Social Software Szenario ist die Chatfunktion von Google Hangout erlaubt und für eine eilige Kontaktaufnahme zu verwenden, falls dies nicht über das Telefon gewünscht ist. Der Chat-Verlauf ist in Confluence abzulegen.

Telefonate/Konferenzen (Videokonferenzen mit Google Hangout) sind für Diskussionen bzw. längere Unterhaltungen geeignet, müssen aber gemäß folgender Beispielvorlage protokolliert werden:

Datum: 20.05.14

Task: 1

Subtask: 1.1

Dauer in min.: 30

Diskussionspunkte: Klärung Anforderungen 30-33

Teilnehmer: Hans, Fritz

3.5.3 Kanban

Die Bearbeitung des Arbeitspaketes 3 hat agil zu erfolgen. Hierzu wird nach Kanban (siehe Abschnitt 2.3) vorgegangen. Hierzu steht ein für jedes Team eingerichtetes Kanban-Board in JIRA zur Verfügung. Nach Fertigstellung einer Teilaufgabe ist diese an den fiktiven Kunden, den Autor dieser Arbeit, zu schicken, um das frühe Feedback zu ermöglichen. Je nach Anwendungsfall hat dies per E-Mail oder Enterprise Social Software stattzufinden. Zur Visualisierung werden durch eine Einteilung in die Zustände „To-Do", „Execute", „Review", „Done". Mit „To-Do" werden alle Aufgaben repräsentiert, die noch zu erledigen sind, „Execute" zeigt auf, was in Bearbeitung ist, während „Review" die Aufgaben beinhaltet, die erledigt wurden aber noch in der Qualitätssicherung liegen. Erledigte Aufgaben werden in den Bereich „Done" verschoben. Durch hinterlegte Workflows erfolgt die Verschiebung automatisch. Das maximale Limit gleichzeitiger Subtasks in „Execute" und „Review" liegt für Task 1 bei 4 (kann bei Bedarf erhöht werden) und wurde in den Kanban-Boards in JIRA entsprechend vorab konfiguriert.

Die Aufteilung in Subtasks muss im Team selbst zustande kommen. Dadurch kann jedes Team u.a. auch die Häufigkeit des Feedbacks selbst wählen (mehr Subtasks ergeben häufigere Feedback-Zyklen). Die Subtasks sollten vom Aufwand in etwa gleich groß sein.

Es hat ein regelmäßiges Statusmeeting (Vorgabe: 1x pro Woche) stattzufinden, in dem Lösungswege zu Problemen besprochen werden. Verteilt über das gesamte Arbeitspaket 3 sind zusätzlich insgesamt 2 Operations Reviews (Erläuterung im Abschnitt 2.3) durchzuführen, 1 je Aufgabe, möglichst in der Mitte der Bearbeitungszeit der jeweiligen Aufgabe. Hierfür dient das Wiki als Grundlage, da sowohl Positives als auch Negatives festgehalten werden muss. Die Qualitätssicherung deckt Fehler auf und protokolliert diese, behoben werden diese nicht von der Qualitätssicherung. D.h. der Ersteller eines Dokuments ist nicht der gleiche wie der QS-Beauftragte.

3.5.4 Zeiterfassung

Der Zeitaufwand ist auf der Teilaufgaben-Ebene zu erfassen. Anzugeben sind neben der Teilaufgaben-Bezeichnung die Tätigkeit sowie die Dauer in Minuten. Die Zeiterfassung hat ebenso für das Einlesen in die jeweilige Aufgabenstellung zu erfolgen.

Die Zeiterfassung muss bei Telefonaten und Konferenzen nicht zusätzlich erledigt werden bzw. wird durch die Spalte „Dauer in min." abgedeckt. Die allgemeine Zeiterfassung hat analog folgendem Beispiel zu erfolgen:

Datum	Task	Subtask	Dauer in min.	Person
02.06.14	2	2	35	Fritz
03.06.14	2	2	50	Hans

Tabelle 2: Vorgaben und Zeiterfassung

Auch die Auftragsklärung, also die Abstimmung mit dem fiktiven Kunden diesbezüglich, ist zeitlich zu erfassen und die Kommunikation gemäß den entsprechenden Tool-Vorgaben vorzunehmen (je nachdem per E-Mail oder Confluence). Eventuell macht es hierfür Sinn, ebenfalls ein Subtask zu vergeben.

Es gibt keine Vorgabe, mit welchem Tool die Zeit zu erfassen ist, es empfiehlt sich allerdings eine App (beispielsweise die Google Play Anwendung „ Jiffy - Zeiterfassung") oder ein Online-Tool. Wird die Zeiterfassung vergessen, ist diese basierend auf einer Schätzung nachzuholen.

3.5.5 Unterstützung durch den Projektleiter

Basierend auf einer in Abschnitt 2.2 betrachteten Fallstudie wird in diesem Abschnitt die Art und Weise der Unterstützung durch den Projektleiter beschrieben.

Der Projektleiter ist zuständig für die Betreuung, Überwachung und Motivation in Bezug auf die Enterprise Social Software und hat im Umgang mit der Software eine Vorbildfunktion, um Akzeptanz und Vertrauen im Umgang mit der Software zu erzeugen. Die Notwendigkeit doppelter Dateneingaben ist zu vermeiden.

Bei Unklarheiten ist der Autor der Arbeit zu kontaktieren (zuständig: Projektleiter), damit dieser eventuell noch fehlende Standards für alle Gruppen definieren kann.

3.5.6 E-Mail-Benachrichtigungen

E-Mail-Benachrichtigungen aus Confluence, JIRA und Google Drive/Hangout sind für alle Szenarien zu deaktivieren bzw. automatisiert auszufiltern, um besonders im Enterprise Social Software Szenario keine „alternative" E-Mail-Flut zu bekommen und um gleichzeitig im Rahmen des Experiments zu beweisen, dass dies nicht erforderlich ist.

3.6 Durchführung

Das Experiment startete wie geplant am 13.05.2014. Bis zum 15.05.2014 hatten die Teilnehmer wie erwähnt Zeit, die Experiment-Vorgaben zu lesen. Aufgrund geäußerter Bedenken zu kommerziellen Systemen („...ich hab immer ein Problem damit, wenn ich gezwungen werde, nicht-öffentliche Daten in kommerzielle Systeme zu bringen") sowie der Verwendung vorgegebener E-Mail-Adressen ("weil jeder E-Mail gewöhnt ist und es meistens auf vielen Geräten eingerichtet hat. Niemand wird hier überall diesen E-Mail-Account hinzufügen." und "... bei mir allein wären das aber 10 Geräte die ich jetzt auch die neue Mail konfigurieren müsste.") wurde am 14.05.2014 eine Google Docs Umfrage (siehe Anhang) erstellt. Ziel der Umfrage war es, herauszufinden, wie viele Studenten die erwähnten Bedenken hatten, um basierend darauf das Konzept ggf. abändern zu können. Die Abstimmung (9 Stimmen) hat ergeben dass 2/3 gegen die Vorgabe für Dropbox etc. ist, allerdings wurden die Vorgaben der E-Mail-Adressen von 2/3 für OK befunden. Es wurde eine weitere Abstimmung erstellt (siehe Anhang), um geeignetere und besser akzeptierte Tools für alle einheitlich vorzugeben. Ziel der Abstimmung war somit eine demokratische Festlegung der Telefon/Videokonferenz-, Dokumentenmanagement- und E-Mail-Software. Die Abstimmung ergab nach Ablauf der entsprechenden Frist Google Hangout, Google Drive und Thunderbird. Das Konzept wurde entsprechend angepasst und allen Teilnehmern zur Verfügung gestellt.

Am 15.5. wurde das Passwort zu den eingerichteten E-Mail-Adresse an jeden einzelnen versandt und Aufgabe 1 allen Teilnehmern im E-Learning-System der Hochschule für angewandte Wissenschaften Würzburg-Schweinfurt als PDF zur Verfügung gestellt.

Am 25.5. erfolgte eine Mitteilung an alle Teilnehmer, dass bis dato nur die Hälfte der Teams Gebrauch von JIRA gemacht hatte, verbunden mit der Bitte, JIRA (gemäß der Vorgabe nach Kanban) einzusetzen. Confluence wurde nur von einem der drei Enterprise Social Software Teams eingesetzt. Es stellte sich hier heraus, dass manche Teams noch nicht begonnen hatten, allerdings Team 5 versehentlich nicht das ihnen zugeteilte Szenario (Enterprise Social Software) sondern das Groupware-Szenario gewählt hatte. Um die Ergebnisse nicht zu verfälschen, wurde festgelegt dass der Versuchsaufbau entsprechend angepasst werden muss. Der neue Versuchsaufbau wurde wie folgt festgelegt:

Aufgabe 1:

Experimentalgruppen: Team 4,6

Kontrollgruppen: Team 1,2,3,5

Aufgabe 2:

Experimentalgruppen: Team 1,2,3,5

Kontrollgruppen: Team 4,6

Am 28.5. erfolgte eine weitere Mitteilung an alle Teilnehmer, da es noch Unklarheiten gab bezüglich den Experimentvorgaben. Unklarheiten zur Aufgabenstellungen wurden immer individuell beantwortet bzw. auf Nachfrage, da der Autor dieser Arbeit in diesem Fall die Rolle des Kunden einnahm bzw. es sich um eine Auftragsklärung handelte. In der Mitteilung wurde darüber informiert, dass grundsätzlich alle Zeiten zu erfassen sind mit Ausnahme der Einarbeitungszeit. Ebenfalls wurde nochmals darauf hingewiesen, dass die Einhaltung der Experimentvorgaben auch bei der Bewertung im Rahmen der Vorlesung berücksichtigt wird.

Des Weiteren wurde nochmal erwähnt, dass vollständig abgeschlossene Subtasks (statt die kompletten Unterlagen zur Aufgabe 1 auf einmal) entsprechend dem Szenario per E-Mail bzw. Confluence-Unterbereich eingereicht werden müssen, um durch Feedback während der Bearbeitungszeit die Qualität erhöhen zu können. Als Frist für die Abgabe der Operation Reviews, Statusmeetings, Telefonkonferenzproto-kolle, Zeiterfassung und der finalisierten Unterlagen zur Aufgabe 1 wurde der 31.5. genannt, was allerdings in den Experimentvorgaben fixiert war. Abschließend erfolgte noch eine Info, dass in Confluence standardmäßig beim Erstellen eines Bereiches alle Confluence-Benutzer der Hochschule Zugriff erhalten, auch wenn der Zugriff nur bestimmten Mitgliedern gewährt wird. Dieser Konfigurations- oder Softwarefehler wurde erst im Laufe der Zeit entdeckt. Durch Klick auf Bereichsverzeichnis - Be-reichsdetails - Verwaltung des Bereichs - Berechtigungen sieht man, dass automa-tisch „confluence-users" zu sehen ist. Hier müssen alle Haken entfernt werden.

Abbildung 5: Berechtigungen

Am 31.5. wurde von allen Teams rechtzeitig Aufgabe 1 abgeliefert. Am 2.6. erfolgte ein weiterer Hinweis an alle Teilnehmer, nachdem die dokumentierten „Operations Reviews" ausgewertet wurden und sich gezeigt hat, dass im Rahmen des Experiments JIRA das Team eher nur im Groupware-Szenario unterstützt. Im Enterprise Social Software Szenario wird der Einsatz von JIRA eher als ein zusätzlicher Aufwand empfunden, der keinen richtigen Mehrwert bietet. Für Aufgabe 2 werden die Vorgaben daher wie folgt angepasst: Wenn die „Enterprise Social Software Teams" in Confluence ein Kanban-Board durch eine entsprechende Liste/Übersicht im Wiki (Unterteilung analog JIRA) erstellen können und das Subtask-Limit stetig einhalten kann, muss JIRA nicht zwingend eingesetzt werden. Ebenfalls wurde für Aufgabe 2 das Subtask-Limit auf 10 erhöht, da dies, basierend auf den Operation Reviews, die Teams durch das bisherige Limit unnötig behindert hat. Abschließend erfolgte noch ein zusätzlicher Hinweis zu den Operation Reviews. Die Stichpunkte hierfür sollten während der Bearbeitungszeit kontinuierlich in einem Dokument (in Confluence in einem Wiki) festgehalten bzw. erweitert werden, um noch mehr die Stärken der Wiki-Funktionalität ausnutzen zu können. Des Weiteren wurde die JIRA Kommentarfunktion für die Teams im Enterprise Social Software Szenario aktiviert, da diese bisher versehentlich für alle Teams blockiert wurde.

Am 17.6. wurden die Unterlagen zu Aufgabe 2, mit Ausnahme eines Teams das die Ergebnisse eine halbe Stunde später ablieferte, von allen Gruppen rechtzeitig abgegeben.

3.7 Störvariablen

Im Folgenden werden Störvariablen beschrieben, unterteilt in überwachte und nicht überwachte Störvariablen.

Überwachte Störvariablen

Durch entsprechende Vorgaben an die Experiment-Teilnehmer wurde im Vorfeld versucht, mögliche Störvariablen zu kontrollieren bzw. zu steuern. In den untenstehenden Tabellen (Tabelle 3 und 4) sind die überprüfbaren Kriterien aus den Vorgaben für die Experiment-Teilnehmer aufgelistet und mit zu erreichenden Punkten gewichtet. Durch eine Bepunktung je Team lässt sich erkennen, wie stark das Experiment in den jeweiligen Teams von Störvariablen beeinflusst wurde. Eine hohe Punktezahl repräsentiert wenige Störeinflüsse. Eine Betrachtung diesbezüglich erfolgt im Unterkapitel 4.8.

Task/Szenario	Tätigkeit/Vorgabe	Bewertung	Differenzierung	mögliche Punkte
einmalige Vorarbeit	Einarbeitung in JIRA und Confluence	sinnvoller Einsatz von JIRA und Confluence	je nach Ausprägung	3
taskunabhängig	Einsatz von JIRA und Confluence im Enterprise Social Software Anwendungsfall	Wahl der entsprechenden Software gemäß Team-Einteilung (3 Teams E-Mail, 3 Teams Enterprise Social Software)	volle oder keine Punktzahl	2
taskunabhängig	Zusendung vollständig abgeschlossener Subtasks an Thomas Linner zum Feedback (je nach Anwendungsfall per E-Mail an Thomas Linner oder Enterprise Social Software), zuständig: Projektleiter	- wurden die Unterlagen entsprechend dem Anwendungsfall eingereicht - Einhaltung der Vorgehensweise nach Kanban (vollständige Teilergebnisse einreichen)	je nach Ausprägung	2
taskunabhängig	Verwendung des Kanban-Boards in JIRA	wurde das Kanban-Board verwendet	volle oder keine Punktzahl	3
taskunabhängig	1 Statusmeeting pro Woche	- wurde nach dem Start der Bearbeitung (verzögerter Start erfordert ggf. weniger Statusmeetings in Summe) 1 Statusmeeting pro Woche abgehalten	je nach Ausprägung	2

taskunabhängig	Durchführung von 2 Operations Reviews (1 je Aufgabe, möglichst in der Mitte der Bearbeitungszeit der jeweiligen Aufgabe)	- wurde das Operations Review gemäß Vorgaben durchgeführt - wie ausführlich wurde dies protokolliert - wurden die entsprechenden Protokolle fristgerecht abgegeben	je nach Ausprägung	3
taskunabhängig	Aufdecken und Protokollieren von Fehlern durch unabhängige Qualitätssicherung (unabhängig bedeutet, dass die Überprüfung ein anderer im Team durchführt, der die Aufgabe nicht selbst erledigt hat)	- gab es eine QS - wurden Fehler protokolliert - wurden die entsprechenden Protokolle fristgerecht abgegeben	je nach Ausprägung	3
taskunabhängig	Telefonate/Konferenzen sind für Diskussionen bzw. längere Unterhaltungen geeignet, müssen aber protokolliert werden gemäß Vorlage	- wurden Telefonate/Konferenzen gemäß der Vorlage protokolliert - wie ausführlich wurden Telefonate/Konferenzen protokolliert	je nach Ausprägung	2
taskunabhängig	Kontaktieren von Thomas Linner bei Unklarheiten/fehlenden Standards , zuständig: Projektleiter	erfolgte seitens der Teilnehmer Kritik bezüglich des Konzepts während der Bearbeitungszeit (gut) oder erst am Ende (weniger gut)	volle oder keine Punktzahl	1
taskunabhängig	Zeiterfassung gemäß Vorlage	- wurden die Vorgaben zur Zeiterfassung eingehalten - wurde die Zeiterfassung fristgerecht abgegeben	je nach Ausprägung	3
taskabhängig	Abschluss Aufgabe bis …	wurden alle Unterlagen zu Task … bis spätestens … abgegeben	volle oder keine Punktzahl	2
einmaliger Wechsel	Wechsel Groupware/Enterprise Social Software am 1.6.	hat das Team ohne Erinnerung an den Wechsel gedacht	volle oder keine Punktzahl	3
taskunabhängig	Aufteilung in ungefähr gleich große Subtasks	wurden für die Kanban-Vorgehensweise ungefähr gleichgroße Subtasks definiert	volle oder keine Punktzahl	1
				30

Tabelle 3: Überwachte Störvariablen - Teil 1

Task/Szenario	Tätigkeit/Vorgabe	Bewertung	Differenzierung	mögliche Punkte
Enterprise Social Software	Foren für die Abstimmung im Team, unterteilt in verschiedene Themen	- wurden im Enterprise Social Software Szenario Foren verwendet - erfolgte hier eine Unterteilung in verschiedene Themen	je nach Ausprägung	2
Enterprise Social Software	Wiki als „Notizblock" für Ideen, zur Fehlerprotokollierung der Qualitätssicherung und als Grundlage für Operation Reviews	wurden im Enterprise Social Software Szenario Wikis eingesetzt für - Ideen - zur Fehlerprotokollierung - als Grundlage für Operation Reviews	je nach Ausprägung	3
Enterprise Social Software	Der Projektleiter ist zuständig für die Betreuung, Überwachung und Motivation in Bezug auf die Enterprise Social Software	erfolgte durch den Projektleiter eine - Betreuung - Überwachung - Motivation	je nach Ausprägung	2
Enterprise Social Software	Der Projektleiter hat im Umgang mit der Software eine Vorbildfunktion, um Akzeptanz und Vertrauen im Umgang mit der Software zu erzeugen	wie gut hat der Projektleiter seine Vorbildfunktion wahrgenommen	je nach Ausprägung	2
Enterprise Social Software	Notwendigkeit doppelter Dateneingaben vermeiden	wurden doppelte Dateneingaben in der Enterprise Social Software ausgeschlossen	volle oder keine Punktzahl	1
				10

Tabelle 4: Überwachte Störvariablen - Teil 2

Nicht überwachte Störvariablen

Gemäß den Vorgaben an die Teilnehmer des Experiments wurden Besprechungen vor Ort verboten bzw. festgelegt, dass diese zumindest nachträglich nachgebildet werden müssen. Ob dies tatsächlich stattgefunden hat, kann nicht überprüft werden. Somit ergibt sich die nicht-kontrollierte Störvariable 1: Besprechungen vor Ort, bezogen auf die Zeiterfassung.

Ebenso wurden diverse Tools vorgegeben. Es wurde lediglich überprüft, ob Confluence und JIRA eingesetzt wurden, nicht aber Google Drive, Google Hangout und Thunderbird. Daher ergibt sich die nicht-kontrollierte Störvariable 2: Verwendung unterschiedlicher Tools.

Um die gesamte E-Mail-Kommunikation überwachen zu können, wurden speziell eingerichtete E-Mail-Adressen vorgegeben. Ob diese tatsächlich immer verwendet wurden, kann nicht sichergestellt werden. Aus diesem Grund ergibt sich die nicht-kontrollierte Störvariable 3: unvollständige Abdeckung der E-Mail-Kommunikation.

Außerdem wurden im Groupware-Szenario für Google Hangout verboten, die Chatfunktion zu nutzen. Ob dies tatsächlich berücksichtigt wurde, kann ebenfalls nicht überprüft werden und führt zu der nicht-kontrollierten Störvariable 4: Verwendung von Chatfunktionalitäten im Groupware-Szenario.

Auch für Google Drive wurde die Anwendung eingegrenzt, indem lediglich die Google Drive Funktionalität "Dokumentenmanagement" erlaubt wurde, was auch nicht sichergestellt werden kann, weshalb sich die nicht-kontrollierte Störvariable 5 ergibt: Verwendung mehrerer Google Drive Funktionalitäten.

Abschließend wurde vorgegeben, dass E-Mail-Benachrichtigungen für JIRA und Confluence zu deaktivieren sind, was ebenfalls nicht sichergestellt werden kann. Hieraus ergibt sich die nicht-kontrollierte Störvariable 6: nicht deaktivierte E-Mail-Benachrichtigungen.

3.8 Fragebogen

Der Fragebogen ist anonymisiert, um ehrliche Antworten zu ermöglichen. Die Bewertung erfolgt in Schulnoten von 1 bis 6 (1 = sehr gut, 6 = ungenügend). Note 7 steht für „Kann ich nicht beurteilen". Bewertungen mit der Note 7 werden bei der statistischen Auswertung entfernt, um beispielsweise die Durchschnittsnote nicht zu verfälschen. Es handelt sich, mit Ausnahme der Kommentarfelder, bei allen Feldern um Mussfelder. Da der Fragebogen im E-Learning-System (Moodle) der Hochschule für angewandte Wissenschaften Würzburg-Schweinfurt angelegt und ausgefüllt wird und jeder Befragte nur einen Account hat, ist sichergestellt, dass jeder nur einmal am Fragebogen teilnimmt. Ebenso ist über die Berechtigungsverwaltung gesteuert, dass nur Teilnehmer des Experiments am Fragebogen teilnehmen können. Damit es sich um eine Vollerhebung im Rahmen des Experiments handelt, wird den Teilnehmern im Rahmen der Vorlesung entsprechend Zeit eingeräumt, den Fragebogen auszufüllen.

Der Fragebogen wird iterativ unter Einsatz von Confluence entwickelt. Hierzu wird ein erster Entwurf einzelnen Teilnehmern des Experiments als Screenshot zur Verfügung gestellt, die in Confluence hierzu Feedback geben. Durch die konstruktive Kritik werden beispielsweise zusätzliche Fragen aufgenommen, beeinflussende Fragen entfernt und eindeutigere Formulierungen getroffen. Abschließend wird der vorläufige Fragebogen allen Teilnehmern in Confluence als Screenshot zur Verfügung gestellt und ebenfalls um Feedback gebeten, ob alle Fragen verständlich sind. Mit Hilfe einer Aufgabenliste (jede Aufgabe enthält eine Benutzer-Erwähnung) wird sichergestellt, dass möglichst viele am Feedback teilnehmen (Endresultat: 21 von 24).

Sowohl zu E-Mails als auch Confluence werden diverse Fragen gestellt, um diese anschließend miteinander vergleichen zu können. Der endgültige Fragebogen befindet sich im Anhang.

4. Datenauswertung

In diesem Kapitel wird die E-Mail- und Confluence-Kommunikation ausgewertet, ebenso wie die Zeiterfassung für die virtuellen Besprechungen, die Operation Reviews, sowie der Fragebogen. Die gewonnenen Erkenntnisse werden zur Überprüfung der Hypothese in Abschnitt 4.9 und im Rahmen des Konzepts in Kapitel 6 verwendet.

4.1 E-Mails

Wie erwähnt wird die E-Mail-Kommunikation von vorher eingerichteten Mail-Adressen überwacht. Es gilt zu beachten, dass nicht sichergestellt werden kann, dass alle E-Mails ausschließlich über die eingerichteten Adressen versandt werden. Durch das Masterkonto wird beispielsweise eine Mail mit 3 Empfängern dreimal zugestellt. Diese doppelten E-Mails werden vor der Auswertung gefiltert. Ebenfalls gefiltert werden Test-E-Mails, themenfremde Nachrichten (z.B. eine E-Mail an einen anderen Dozenten), Empfangsbestätigungen, Nichtzustellbestätigungen und die Kommunikation mit Externen (eine Kontaktaufnahme zu Softwareanbietern oder Abstimmung mit dem Kunden). Besprechungseinladungen werden nicht rausgefiltert.

In Summe beträgt die Anzahl der E-Mails in Aufgabe 1 bzw. 2 (Einsparung an E-Mails in % durch Enterprise Social Software in Klammern):

- antuprise: 65 bzw. 1 (98,5%)

- B3R: 41 bzw. 7 (82,9%)

- BIA: 80 bzw. 18 (77,5%)

- cometogether: 0 bzw. 29 (100%)

- Palm Consulting: 54 bzw. 0 (100%)

- Yogurt: 2 bzw. 25 (92%)

Im Durchschnitt wurden somit im Groupware-Szenario 49 Mails je Team bzw. pro Person 12,25 E-Mails versandt und im Enterprise Social Software Szenario 91,8% an E-Mails eingespart.

Im Folgenden werden die Gründe für den Versand von Mails im Enterprise Social Software Szenario aufgezeigt:

antuprise: Besprechungseinladung

B3R: Zusendung von Zugangsdaten/Passwörtern (1 zu 1), Aufgabenverteilung und Hinweis auf Confluence

BIA: Koordination/Diskussion vor Einsatz von Confluence, Info über den Einsatz von Confluence und Antworten darauf, Mahnung/Erinnerung, privat (Daumen drücken)

Yogurt: Struktur WP3.1 und Info über JIRA Aufgabe (beides 1 zu 1)

Die Anzahl an 1 zu 1 E-Mails im Groupware-Szenario beträgt (in Klammer: in Prozent im Verhältnis zu allen E-Mails):

- antuprise: 4 von 65 (6,2%)

- B3R: 27 von 41 (65,9%)

- BIA: 26 von 80 (32,5%)

- cometogether: 19 von 29 (65,5%)

- Palm Consulting: 31 von 54 (57,4%)

- Yogurt: 4 von 25 (16%)

Im Durchschnitt sind dies 18,5 von 49 (37,8%).

4.2 Enterprise Social Software

Im Folgenden wird die Nutzung von Confluence anhand von Screenshots aufgezeigt, um basierend darauf Erkenntnisse für den Konzeptteil (Kapitel 6) zu gewinnen. Es gilt hierbei zu beachten, dass die Screenshots nur Ausschnitte der gesamten Kommunikation darstellen.

Abstimmung cometogether:

Decision	Status	Stakeholders	Outcome	Due date	Owner
Nehmen wir Bitrix24?	FERTIG		Wir nehmen Bitrix!	2014/05/26	

Abbildung 6: Beispiel für eine Abstimmung

How-To-Beiträge BIA:

Title	Creator	Modified
Media files hinzufügen		Jun 14, 2014
Benutzer velinken		Jun 14, 2014
Copy Screenshort von Clip		Jun 14, 2014
Mitarbeitern folgen		Jun 14, 2014

Abbildung 7: Beispiel für einen How-To-Beitrag 1

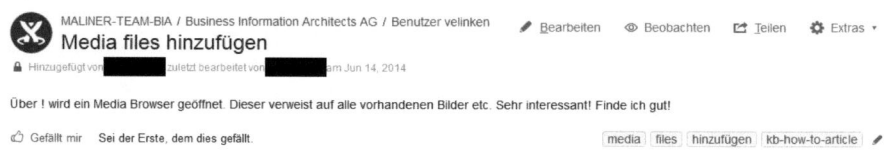

Abbildung 8: Beispiel für einen How-To-Beitrag 2

How-To-Beiträge antuprise:

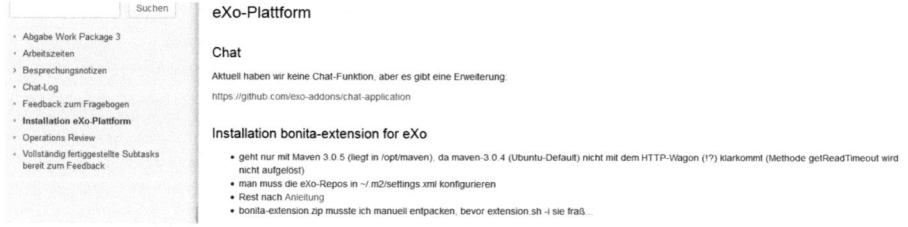

Abbildung 9: Beispiel für einen How-To-Beitrag 3

Terminierung von Besprechungen BIA:

Abbildung 10: Beispiel für die Terminierung von Besprechungen

Terminabstimmung BIA:

Abbildung 11: Beispiel für die Terminabstimmung

Qualitätssicherung BIA:

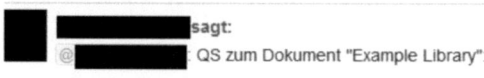

■■ ■■■■ sagt:

@■■■■■ : QS zum Dokument "Example Library":

sehr gut gelungen, nur ein paar Anmerkungen:

Kapitel "Zugriffsrechte", 2. Absatz, 1. Zeile: vor "einzelne" fehlt "eine"

Kapitel "Versionierung":

- 1. Satz: da fehlt ein Wort zur Verbindung der Sätze - im nächsten Satz versioniert bitte klein schreiben
- 2. Absatz, 2. Zeile: "eingecheckt" klein schreiben und am Ende fehlt das "t"
- 2. Absatz, 5. Zeile: "bearbeiten" klein schreiben
- letzter Absatz, 3./4. Zeile: ein "können" ist genug

Kapitel "Bewertungs- und Like-Funktionalität": vorletzte Zeile: in "veröffentlichen" fehlt ein "t"

Kapitel "Wiki": 2. Zeile: "kategorisiert" klein schreiben

Tabelle Kapitel 2.2.3: es fehlt "BIA008" - ist das so gewollt?

Antworten • Bearbeiten • Löschen • Gefällt mir • Jun 16, 2014

> **■■ ■■■■■ sagt:**
>
> Danke, ebenfalls alles korrigiert. Wenn möglich bitte noch Stärken und Schwächen korrigieren.
>
> Antworten • Bearbeiten • Löschen • Gefällt mir • Jun 17, 2014

Abbildung 12: Beispiel für die Qualitätssicherung

Zeiterfassung cometogether solutions:

Tem 4 - come together solutions / Tem 4 - come together solutions   ✏ Bearbeiten   👁 Beobachten   ↪ Teilen   ⚙ Extras ▾
Zeiterfassung

Hinzugefügt von ■■■■ zuletzt bearbeitet von ■■■■ am Jun 11, 2014 (Änderung anzeigen)

Bitte hier Eure Zeiten erfassen!

Datum	Task	Subtask	Dauer in Minuten	Thema / Diskussionspunkte	Teilnehmer / Person
25.05.2014	2		30	Herausarbeiten der neuen Anforderungen	
26.05.2014	1		180	Installation Bitrix (Hosted Version)	
26.05.2014	1		140	Bearbeitung WP3 - Task 1	

Abbildung 13: Beispiel für die Zeiterfassung

Koordination Palm Consulting:

Palm_Consulting / Palm_Consulting
Projektplan
✎ Bearbeiten   👁 Beobachten   ↪ Teilen   ⚙ Extras ▾

Hinzugefügt von ███████ zuletzt bearbeitet von ███████ am Jun 15, 2014 (Änderung anzeigen)

Der Projektplan gibt Auskunft über die jeweiligen Phasen des Workpackage 3 der Fallstudie "The Game", inklusive des Arbeitsaufwandes je Mitarbeiter. Der bisherige Gesamtarbeitsaufwand je Teammitglied liegt am Ende der Phase bei ca. XX Stunden.

Der Meilenstein Review konnte problemlos eingehalten werden. Projektrisiken traten nicht auf. Die Abarbeitung der Phase „Workpackage 3" erfolgte innerhalb des vorgegebenen Zeitrahmens.

👍 Gefällt mir   Sei der Erste, dem dies gefällt.   Keine Stichwörter ✎

2 Kommentare

👤 ███████ **sagt:**
███████ kannst du den dazugehörigen Projektplan hinzufügen, damit ich reviewen kann? Danke!
Antworten • Bearbeiten • Löschen • Gefällt mir • Jun 11, 2014

👤 ███████ **sagt:**
den dann aktualisierten Projektplan schicke ich dir am Freitag abend zu
Antworten • Bearbeiten • Löschen • Gefällt mir • Jun 12, 2014

Abbildung 14: Beispiel für die Koordination

Geteilte Links Palm Consulting:

Title	Date	Link
Bitrix24	Jun 11, 2014	📷 sparkling.bitrix24.de/

Abbildung 15: Beispiel für geteilte Links

Strukturierung B3R:

Team 2

Team 2

🔒 Hinzugefügt von █████████, zuletzt bearbeitet von █████████ am Jun 17, 2014 (Änderung anzeigen)

Hier eine Verlinkung der einzelnen Einträge. Dann ist das ganze ein wenig übersichtlicher.

Vollständig fertiggestellte Subtasks zum Feedback

Task 2.1: Bericht für die Business Research Abteilung

Bericht für Business-Research Abteilung (2 Seiten)

Review: Bericht für Business-Research Abteilung

Task 2.2: Dokumente hochladen und Stärken + Schwächen

✅ Dokumente hochladen

Das Word-Dokument dazu: Hochladen der Dokumente.docx

✅ Stärken und Schwächen (4 Seiten)

Abbildung 16: Beispiel für die Strukturierung

Diskussion B3R:

Background

In welche Subtasks wollen wir die Anforderungen aus Task 2 unterteilen? Und wer bearbeitet welchen Subtask?

👍 Gefällt mir   Sei der Erste, dem dies gefällt.   decisions ✏

2 Kommentare

 █████████ sagt:
Mal ein Vorschlag:

Task 1: umfasst die ersten drei Anforderungen. Also den zweiseitigen Bericht, wie Jive die Workflows der OTM abbilden und verbessern kann.

Task 2: Content für die Plattform, mit den Subtasks:

Task 2.1: Infos zu CSCW hochladen

Task 2.2: Vorlesungsunterlagen hochladen

Task 2.3: Unterlagen zum Lösen von WP2/3 hochladen

Abbildung 17: Beispiel für eine Diskussion

About-us antuprise:

About us

Antuprise Team 1

Unsere Vision als Business- und IT-Beratung ist es, uns im Bereich Strategie und Innovation einen Namen zu machen, der als Synonym für hochqualitative und zuverlässige Beratungsleistungen steht. Darüber hinaus ist unser Ziel, Marktführer im Bereich der kollaborativen Technologien zu werden. Durch höchste Servicequalität und qualitative Leistungserbringung wollen wir die Erwartungen unserer Kunden stets übertreffen.

Wir sehen unseren Erfolg im Erfolg unserer Kunden!

Abbildung 18: Beispiel für ein About-Us

Besprechungsnotizen antuprise:

Title	Creator	Modified
2014-06-15 - Absprache Ausarbeitung WP3		Jun 15, 2014
2014-06-12 Absprache Arbeitspakete		Jun 12, 2014
2014-06-11 Kickoff-Termin Task 2		Jun 11, 2014

Abbildung 19: Beispiel für Besprechungsnotizen

Chat-Log antuprise:

Abbildung 20: Beispiel für einen Chat-Log

<u>Dokumentation Operations Review antuprise:</u>

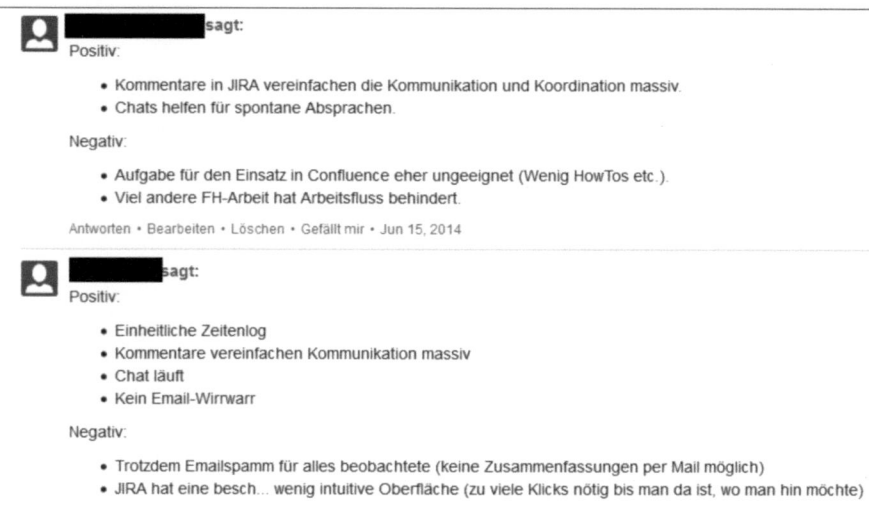

Abbildung 21: Beispiel für ein Operations Review

Da im Enterprise Social Software Szenario in JIRA die entsprechenden Kommentar-Funktionalitäten freigeschaltet wurden, wird die entsprechende Nutzung ebenfalls anhand von Screenshots aufgezeigt.

Diskussion antuprise:

Task 2.2: Bibliothek von Dokumenten auf der Plattform usw. (MALEINS-33)

⤷ **[MALIEINS-36]** Task 2.2.2: Dokumentation der Bibliothek Erstellt: 11.06.2014 Aktualisiert: 18.06.2014

Status:	Fertig
Projekt:	MA-Linner-Team1
Komponente(n):	Keine
betrifft Version(en):	Keine
Lösungsversion(en):	WP3

Typ:	Unteraufgabe	**Priorität:**	Schwer
Autor:		**Bearbeiter:**	
Lösung:	Nicht erledigt	**Stimmen:**	0
Stichwörter:	Keine		
Verbleibende Schätzung:	Nicht angegeben		
Benötigte Zeit:	Nicht angegeben		
Ursprüngliche Schätzung:	Nicht angegeben		

Beschreibung

Dokumentation der für MALIEINS-35 durchgeführten Arbeiten (Screenshots, Beschreibungen).
Fokus auf den Effizienzvorteil für die OTM (s. Beschreibung)

Kommentare

Kommentar durch [12.06.2014]

Dokument erstellt. Erste Screenshots angefügt. Stichpunktartige beschreibung einiger Argumentationsstützen. Hinzufügung der Arbeitsaufgabe in den TeX-Kommentaren

Kommentar durch [14.06.2014]

Was evtl. noch ganz gut wäre, ist wenn man die "Relationen" mit beschreiben würde. Man kann in der ExoPlatform bei den Dokumenten ja sehr gut Relationen zwischen Dokumenten modellieren. Ich halte das für ne recht gute Eigenschaft.

Kommentar durch [15.06.2014]

Passt das so mit den "Relationen" oder meinst du noch was anderes?

Kommentar durch [15.06.2014]

Review

- Ich habe mal alle (Vgl. Abbildung x) vor den schließenden Punkt des Satzes gemacht. Andere Referenzen im Dokument haben wir auch so, weshalb ich es einheitlich machen wollte.
- Das sch**ße Wort hat nichts in so einem Context verloren 😊
- Ordnerupload ist über die WebDav Komponente im System möglich.
- "Dateien können in andere Teile der Plattform mit eingebunden werden" - finde die Ausformulieren etwas schwierig zu verstehen sollte man nochmal dran arbeiten
- Einige Rechtschreibfehler ausgebessert.

Sonst stehen noch ein paar Todos im Eintrag.

Kommentar durch [15.06.2014]

Generell ist die Ansprache etwas problematisch da wir hier ja direkt mit der Ansprache durchführen.

Kommentar durch [15.06.2014]

Noch hinzufügen, dass die Workflowintegration sehr schwierig ist.

Kommentar durch [15.06.2014]

VII. sollte man hierbei auch noch explizit darauf eingehen, dass es sich eine Präsentation oder einen Brief direkt an Geoffrey Griffiths handelt.

Kommentar durch [15.06.2014]

Als Schwäche sollte eventuell noch erwähnt werden, dass die Oberfläche für einen Erstbenutzer aufgrund der Funktionsvielfalt nicht wirklich intuitiv ist.

Zusätzlich dazu eventuell noch angeben, dass man nicht direkt auf ein Dokument verlinken kann, weil keine URLs zu dem Dokument angegeben werden.

Kommentar durch [16.06.2014]

Disklaimer hinzugefügt.
Webdav hinzugefügt
Formulierungen geändert

Schlechte Intuitivität NICHT hinzugefügt (schwaches Argument + Platzmangel), steht im Text beschrieben...

Kommentar durch [16.06.2014]

Passt soweit +1

Abbildung 22: Beispiel für eine Diskussion mit Hilfe der JIRA Kommentarfunktion

4.3 Zeiterfassung Besprechungen

Eine Auswertung der durchgeführten virtuellen Besprechungen zeigt Tabelle 5. Die obersten 4 Teams waren zuerst im Groupware-Szenario tätig, danach im Enterprise Social Software Szenario.

Team	Task 1 in min	Anzahl	Task 2 in min	Anzahl	
B3R	1815	11	960	8	-47,10%
antuprise	370	4	0	0	-100,00%
BIA	1716	5	990	3	-42,30%
Palm	480	2	960	2	100,00%
Cometogether	420	1	240	1	-42,90%
Yogurt	670	6	660	4	-1,50%
	5471	29	3810	18	

Tabelle 5: Auswertung Besprechungszeiten

3 der obersten 4 Teams (B3R, antuprise und BIA) weisen eine erhebliche Zeitersparnis im Bereich Besprechungen auf, wenn Confluence verwendet wurde. Lediglich im Team Palm wurden mehr Besprechungen durchgeführt, als Confluence verwendet wurde. Beim Team Cometogether wurden im Groupware-Szenario weniger Besprechungen durchgeführt. Beim Team Yogurt ist der Zeitaufwand für Besprechungen für beide Aufgaben in etwa gleich.

Insgesamt wurden im Enterprise Social Software Szenario 21,35 Stunden (66,67 Stunden im Vergleich zu 88,02 Stunden) weniger virtuelle Besprechungen durchgeführt wie im Groupware-Szenario. Dies entspricht durchschnittlich 24,3% weniger Zeitaufwand für virtuelle Besprechungen bzw. im Durchschnitt 3,6 Stunden pro Team, wobei zu beachten gilt, dass sich durch Confluence nicht bei allen Teams die Dauer der Besprechungen reduziert hat, sondern eben nur im Durchschnitt auf alle betrachtet.

4.4 Fragebogen

Ziel dieses Abschnitts ist die statistische Überprüfung des Fragebogens. Da den Fragebogen alle 24 Experiment-Teilnehmer ausgefüllt haben, handelt es sich hier um eine Vollerhebung. Da bei einigen Fragen die Note 7 („Kann ich nicht beurteilen") vergeben wurde, werden diese bei der Auswertung herausgerechnet, um die Mittelwerte nicht zu verfälschen. Im Bereich „E-Mail" lag das Minimum an statistisch auswertbaren Antworten (24 abzüglich den „Note 7 Antworten") bei 20, im Bereich „Confluence" bei 22.

4.4.1 Quantitative Auswertung

Zur Überprüfung der Hypothese werden lediglich die Antworten auf die Frage „Zeitaufwand für die Kommunikation" bezogen auf „E-Mail" und „Confluence" näher betrachtet. Es handelt sich um 24 von 24 statistisch auswertbaren Antworten.

Eine Auswertung aller Einzelfragebögen bezüglich dem „Zeitaufwand für die Kommunikation" ergibt, dass 18 Befragte Confluence mit mindestens einer Notenstufe besser bewerten, 5 bewerten es mit der gleichen Note (4x Note 3 und 1x Note 2) und ein Befragter bewertet E-Mails mit Note 1 und Confluence mit Note 4. Durch die Betrachtung des dazugehörigen abgegebenen Kommentars wird der Grund für die Bewertung klarer: „Für manche Aufgaben scheint Confluence gänzlich ungeeignet (schnelle Kommunikation mit direkter Benachrichtung [sic!] der Teammitglieder); außer es gibt entsprechende *sinnvolle* Benachrichtigungs-Mails [sic!]".

Die Berechnung der Standard-Abweichung ergibt 1,0 (E-Mail) bzw. 0,7 (Confluence). Die Mittelwerte unterscheiden sich um 1,58 Notenstufen, d.h. Confluence wurde im Durchschnitt um 1,58 Notenstufen besser bewertet als E-Mails.

Um sicherzustellen, dass die Abweichung um 1,6 Notenstufen nicht zufällig entstanden ist, wird im Folgenden die Signifikanz berechnet.

Hierzu teilt man den Mittelwert der Differenz zwischen Confluence und E-Mail (1,58) durch den Quotienten aus Standardabweichung der Differenzen (1,53) und der Wurzel aus der Anzahl an Befragten (Wurzel aus 24) und erhält als Ergebnis den auf 4 Nachkommastellen gerundeten Wert 5,0855. Die T-Verteilung TVERT(5,0855;23;2) ergibt einen auf 4 Nachkommastellen gerundeten Wert von 0,0038%. Dies bedeutet, dass bezogen auf die Ergebnisse der Befragung Confluence mit einer Wahrschein-lichkeit von 99,9962% (= hoch signifikant) nicht identisch ist mit E-Mails (Zeitaufwand für die Kommunikation).

Es wird darauf hingewiesen, dass die Einschätzung des Zeitaufwandes subjektiv ist. Die objektive Zeiterfassung gemäß den Vorgaben in Abschnitt 3.5.4 kann aufgrund fehlender Granularität hierzu nicht herangezogen werden.

Wie Tabelle 6 zeigt, ist Confluence in allen Punkten E-Mail überlegen.

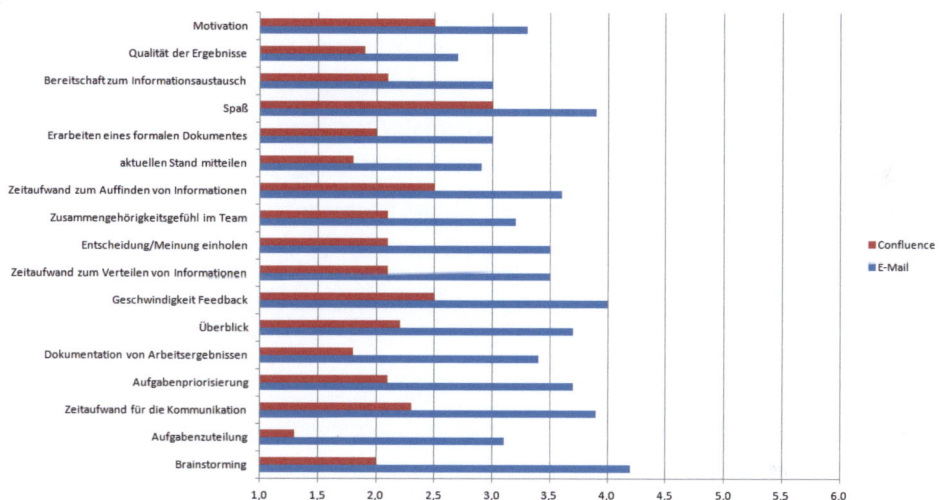

Tabelle 6: Auswertung Fragebogen

Zur Erhöhung der Qualität dieser Aussage wird im Folgenden die Konfidenz berech-net.

Perzentile der T-Verteilung: TINV (0,05;23) = 2,069

Konfidenzintervall = 1,3 +/- 2,069 * (0,343 / Wurzel aus 24)

Ergebnis: Mit einer Irrtumswahrscheinlichkeit von 5% ist Confluence, basierend auf dem Fragebogen im untersuchten Experiment, mindestens 1,16 und maximal 1,44 Notenstufen besser als E-Mails.

Auch hier wird die Signifikanz berechnet:

Paardifferenztest = 1,3 / (0,343 / Wurzel aus 24) = 18,563

Ein Anwenden der Formel TVERT (18,563;23;2) ergibt, dass die Note von E-Mails und Confluence im betrachteten Experiment mit einer Wahrscheinlichkeit von 99,9999999999998% nicht identisch ist.

Es gilt zu beachten, dass die Beantwortung des Fragebogens subjektiv ist. Wird beispielsweise nach der Qualität der Ergebnisse gefragt, ist dieser Aspekt wesentlich kritischer und muss durch objektive Untersuchungen des Experiments unterstützt werden. Anders verhält es sich beispielsweise bei der Frage nach dem Zusammen-gehörigkeitsgefühl im Team, denn dies lässt sich aus Sicht des Autors relativ präzise subjektiv wiedergeben und gleichzeitig nicht oder nur schwer objektiv ermitteln.

Auf die Frage "Was würdest du in deinem zukünftigen Job einsetzen, wenn du die Wahl hättest und in einem agilen Projektumfeld arbeiten würdest?" wählten 1 Befrag-ter "ausschließlich Confluence", 14 Befragte "größtenteils Confluence, aber in Einzelfällen E-Mails", 3 Befragte "größtenteils E-Mails, aber in Einzelfällen Con-fluence" und die restlichen 6 Befragten "kommt darauf an" aus.

4.4.2 Qualitative Auswertung

Eine Auswertung der Kommentarfelder kann zusätzliche Eindrücke vermitteln, um die quantitative Auswertung zu bekräftigen. Es werden hierzu lediglich genannte Krite-rien betrachtet, die nicht quantitativ ausgewertet wurden.

Aus den Kommentarfeldern E-Mails geht hervor, dass E-Mails als unpraktisch, umständlich, und anstrengend empfunden werden und zu langen Antwortzeiten führen.

An Confluence wurde bemängelt, dass es teilweise langweilig aufbereitet, unnötig schwer ist und der Upload von Dateien oft nicht funktionierte und die JIRA-Kommentarfunktion für die Kommunikation hilfreicher für die Aufgabenstellung war.

Aus den Kommentaren zu dem direkten Vergleich zwischen E-Mail und Confluence für das spätere Berufsleben geht hervor, dass sich die Kritik an Confluence häufig auf Confluence als Software bzw. nicht auf die Toolart (Kollaborationstool) bezieht und der Sinn von Confluence abhängig vom Einsatzzweck gesehen wird.

Aus den allgemeinen Anmerkungen geht hervor, dass Confluence in Kombination mit JIRA nicht optimal war und zwei Wochen je Szenario zu kurz waren, um die Tools richtig einsetzen zu können. Ein Kommentar „Experiment war ein Reinfall" deutet darauf hin, dass aufgrund der Anonymität des Fragebogens ehrliche Antworten abgegeben wurden.

4.5 Bewertung

In diesem Unterkapitel erfolgt eine Bewertung der Arbeitsergebnisse und der Vorgehensweise aller Teams, um dadurch indirekte Rückschlüsse auf die Qualität der Kommunikation zu ziehen. Um eine objektive Bewertung der Ergebnisse und Vorgehensweise zu gewährleisten, wurde hierzu ein Bewertungsschema (Tabelle 7) entwickelt, das diverse Kriterien mit entsprechender Gewichtung enthält. In der Summe sind 100 Punkte je Team pro Aufgabe möglich. Die Team-Wertungen sind im Anhang ersichtlich.

	mögliche Punkte
Ergebnis	
Inhalt:	
Erfüllungsgrad der gestellten Anforderungen unter Berücksichtigung sachlicher Richtigkeit	60
für den Kunden nützliche Zusatzergebnisse	6
Verständlichkeit	4
Bezugnahme zu Kunden-Anforderungen	4
kein Copy-Paste vorhanden	4
roter Faden erkennbar	2
spezifische Formulierungen/Detailtreue	2
Vermeidung von unnötigem "Information Overload"	2
Form:	
Zitierweise	2
Rechtschreibung/Grammatik	2
Sachliche Formulierung	2

Optische Aufbereitung	2
Vorgehensweise	
Systematische Vorgehensweise (Gewichtung, Tabelle, Gruppierung)	2
Eigenständigkeit (erst im Team diskutieren, dann Kunde fragen)	2
wenig Aufwand des Kunden für Feedback während Bearbeitungszeit	2
Kollaboratives Vorgehen im Team	2
Summe	100

Tabelle 7: Bewertungsschema

Die Punkte je Aufgabe werden durch 10 geteilt und ab "Komma 5" aufgerundet. Es ergibt sich folgende Bewertung (Nennung Punkte Aufgabe 1, danach Aufgabe 2):

- antuprise: 9 bzw. 10 (besser im Confluence Szenario)
- B3R: 9 bzw. 10 (besser im Confluence Szenario)
- BIA: 10 bzw. 10 (identisch im Confluence Szenario)
- cometogether: 8 bzw. 9 (schlechter im Confluence Szenario)
- Palm: 9 bzw. 10 (besser im Confluence Szenario)
- Yogurt: 9 bzw. 7 (besser im Confluence Szenario)

In 4 Teams wurde somit das Ergebnis bzw. die Vorgehensweise im Confluence Szenario verbessert, in einem Team gab es keine Veränderung (eine Verbesserung aufgrund der bereits erzielten vollen Punktezahl war hier gar nicht möglich) und in einem gab es eine Verschlechterung im Confluence Szenario.

4.6 Operation Reviews

Im Folgenden werden die Erkenntnisse, die sich konkret auf die Abgrenzung zwischen E-Mails und Confluence beziehen, basierend auf einer Auswertung der Operations Review Dokumentationen dargestellt. Mehrfachnennungen werden separat gekennzeichnet.

4.6.1 Groupware-Szenario

Im Groupware-Szenario haben 5 der 6 Teams eine Operations Review Dokumentation erstellt.

Positiv wurde erwähnt, dass es keine Qualitätseinbußen per E-Mail gäbe, man sich nicht durch irgendwelche Plattformen klicken müsse, Zeitpläne eingehalten werden können und man durch den E-Mail-Verteiler immer up-to-date sei.

Negative Punkte seien mehr notwendige Rückmeldungen an die Teamleitung, zu wenig Kommunikation der Teammitglieder untereinander, zeitaufwändiger bzw. nicht effizienter Mailverkehr und die Notwendigkeit ausführlicherer Reviews. Es gäbe ebenso mehr Spam, eine hohe Anzahl an E-Mails (aufgrund häufiger Kommunikation zur Steuerung und Kontrolle von Projekten und einem Missbrauch der CC-Funktionalität) bzw. regelrechte „E-Mail-Flut", lange E-Mail-Kommunikationsdurchläufe und eine erschwerte Kommunikation (Nennung von 2 Teams). Außerdem wurde erwähnt, dass bei einigen Mails mehrere Themen gleichzeitig diskutiert wurden und kein Bezug zu bestimmten Subtasks hergestellt wurde (Nennung von 2 Teams), Statusupdates erschwert wurden, statt einem kurzen Kommentar eine extra Mail notwendig war, die Kommunikation schlechter war und es einen Overhead sowie weniger Usability gab.

4.6.2 Enterprise Social Software Szenario

Im Enterprise Social Software Szenario haben alle Teams die Operations Review Dokumentation erstellt.

Confluence wurde als sehr intuitiv angesehen, gefiel als Kollaborationsplattform, es fand ein reger Austausch statt und der Projektprozess war sehr angenehm. Ebenso gefiel die Kommentarfunktion (Nennung von 2 Teams), Confluence wurde als Erleichterung empfunden, Informationen konnten schneller ausgetauscht werden und es konnten hierzu beispielsweise für Arbeitszeiten und Besprechungsnotizen entsprechende Seiten erstellt werden. Die Qualität der Arbeit stieg und es fand eine einfachere („kein Email-Wirrwarr"), verbesserte (Nennung von 3 Teams) und häufigere Kommunikation (Nennung von 2 Teams) statt. Des Weiteren wurden kurze Reaktionszeiten (Nennung von 2 Teams) durch einen direkten Informationsfluss, ein deutlich reduziertes E-Mail-Aufkommen, eine gemeinsame Bearbeitung von Sach-verhalten sowie eine effiziente Ausarbeitung der geforderten Aufgaben genannt. Außerdem gefiel die direkte Zuordnung von Fragen an ein entsprechendes Projekt-mitglied. Auch die Organisation wurde effizienter gestaltet, das Vorgehen zur Aufga-benbearbeitung wurde verbessert und Confluence wurde als praktisch empfunden, unter der Bedingung, dass genügend Content da wäre.

Durch die im Enterprise Social Software Szenario aktivierte Kommentarfunktion in JIRA wurde die Kommunikation und Koordination massiv vereinfacht und Chats halfen für spontane Absprachen.

Negativ wurden die langen Antwortzeiten (mit dem Hinweis, dass dies in der Praxis vermutlich anders wäre) gesehen, zu viele E-Mail-Benachrichtigungen (Nennung von 2 Teams), fehlende Zusammenfassungen für E-Mail-Benachrichtigungen, System-ausfülle, Bugs, automatische Log-Outs (Nennung von 2 Teams), wenige Blogs auf der Startseite und dass ältere Blogs nur durch Suchfunktion auffindbar waren. Aufgrund wenig benötigter How-Tos und der Vorgabe zur Erstellung eines formalen Dokumentes wurde Confluence, bezogen auf das Fallbeispiel, als eher ungeeignet eingestuft.

4.7 Zusammenfassung der Auswertung

Wie in Abschnitt 4.1 ersichtlich, wurden durchschnittlich im Groupware-Szenario 49 E-Mails je Team bzw. pro Person 12,25 E-Mails versandt und im Enterprise Social Software Szenario 91.8% an E-Mails eingespart. Beispiele für E-Mail-Kommunikation im Enterprise Social Software Szenario sind eine Besprechungseinladung, die Zusendung von Zugangsdaten/Passwörtern (1 zu 1 Kommunikation), eine Aufgabenverteilung und der Hinweis auf die Nutzung von Confluence, die Koordination/Diskussion vor dem Einsatz von Confluence, eine Info über den Einsatz von Confluence und Antworten darauf. Ebenfalls Mahnungen/Erinnerungen, private Kommunikation und die Festlegung der Struktur von Arbeitspaket 3.1 sowie eine Information über eine JIRA Aufgabe (beides 1 zu 1 Kommunikation). Dadurch zeigt sich, dass sogar mehr als 91,8% E-Mails eingespart werden hätten können. Ein kompletter Verzicht auf E-Mails erscheint allerdings als unwahrscheinlich, da beispielsweise die Zusendung der Zugangsdaten/Passwörter ein zwingend notwendiges Beispiel für eine 1 zu 1 Kommunikation ist und hierfür als einzige Alternative die Chat-Funktion gewesen wäre. Es hat sich ebenso herausgestellt, dass im Durchschnitt 18,5 von 49 E-Mails im Groupware-Szenario für die 1 zu 1 Kommunikation verwendet wurden, was 37.8% entspricht. In der Enterprise Social Software sind die Nachrichten hingegen von allen Teammitgliedern sichtbar, was die Transparenz erhöht.

Aus Abschnitt 4.2 geht hervor, dass die Enterprise Social Software für eine Abstimmung, für How-To-Beiträge, Terminierung von Besprechungen, Terminabstimmung, Qualitätssicherung, Zeiterfassung, Koordination, Teilen von Links, Strukturierung, Besprechungsnotizen, Chat-Logs und Diskussion sowie Erstellung eines „About us" und zur Dokumentation von Operation Reviews verwendet wurde.

Die Auswertung der Zeiterfassung der Besprechungen (Abschnitt 4.3) zeigt auf, dass im Enterprise Social Software Szenario insgesamt 21,35 Stunden (66,67 Stunden im Vergleich zu 88,02 Stunden) weniger virtuelle Besprechungen durchgeführt wurden wie im Groupware-Szenario. Dies entspricht durchschnittlich 24.3% weniger Zeitaufwand für virtuelle Besprechungen bzw. 3.6 Stunden pro Team.

Eine quantitative Auswertung der Frage bezüglich dem „Zeitaufwand für die Kommunikation" (Abschnitt 4.4.1) ergibt eine Standard-Abweichung von 1,0 (E-Mail) bzw. 0,7 (Confluence). Die Mittelwerte unterscheiden sich um 1,58 Notenstufen, d.h. Confluence wurde im Durchschnitt um 1,58 Notenstufen besser bewertet als E-Mails. Eine Überprüfung der Signifikanz der Ergebnisse ergibt, dass Confluence, bezogen auf die Ergebnisse der Befragung, mit einer Wahrscheinlichkeit von 99,9962% (= hoch signifikant) nicht identisch ist mit E-Mails (Zeitaufwand für die Kommunikation). Zwar ist die Einschätzung des Zeitaufwandes seitens der Teilnehmer subjektiv, diese kann jedoch dazu dienen, die objektive Untersuchung der statistischen Hypothese 1 und 2 zu unterstützen. Auch in allen Punkten des Fragebogens ist Confluence im direkten Vergleich E-Mails überlegen. Eine Betrachtung der Konfidenz ergibt folgende Aussage: Mit einer Irrtumswahrscheinlichkeit von 5% ist Confluence, basierend auf dem Fragebogen im untersuchten Experiment, mindestens 1,16 und maximal 1,44 Notenstufen besser als E-Mails. Auch hier sind die Ergebnisse hoch signifikant. Es gilt allerdings ebenso zu beachten, dass die Beantwortung des Fragebogens subjektiv ist. Beispielsweise die Qualität der Ergebnisse muss durch objektive

Untersuchungen gestützt werden, was in Abschnitt 4.5 behandelt wird. Anders verhält es sich z.B. bei der Frage nach dem Zusammengehörigkeitsgefühl im Team, denn dies kann aus Sicht des Autors relativ präzise subjektiv wiedergeben und lässt sich nicht oder nur schwer objektiv ermitteln. Basierend auf dem Vergleich zwischen E-Mails und Confluence (Abschnitt 4.4.1) gibt es für Enterprise Social Software im agilen Umfeld unter anderem folgende Einsatzzwecke: Die <u>Erarbeitung eines formalen Dokumentes</u>, <u>Mitteilungen über den aktuellen Stand, das Einholen von Entscheidungen/Meinungen</u>, die <u>Dokumentation von Arbeitsergebnissen und das Brainstorming</u>. Bei der Aufgabenpriorisierung und -zuteilung schneidet Confluence zwar ebenso besser ab als E-Mails, allerdings ist hierfür das Programm JIRA geeigneter. Durch die Konkretisierung der Einsatzzwecke von Confluence wird der in Abschnitt 4.4.2 erwähnten Anmerkung, dass der Sinn von Confluence abhängig vom Einsatzzweck gesehen wird, Rechnung getragen. Gemäß der Auswertung der Frage "Was würdest du in deinem zukünftigen Job einsetzen, wenn du die Wahl hättest und in einem agilen Projektumfeld arbeiten würdest?" zeigt sich, dass <u>größtenteils Confluence, aber in Einzelfällen E-Mails verwendet werden sollte</u>. Grund hierfür ist, dass mehr als die Hälfte der Befragten angaben, dass sie im zukünftigen Job größtenteils Confluence und in Einzelfällen E-Mails einsetzen würden, wenn sie in einem agilen Projektumfeld arbeiten würden.

Aus der qualitativen Auswertung (Abschnitt 4.4.2) geht hervor, dass die <u>JIRA-Kommentarfunktion</u> (die im Enterprise Social Software Szenario aktiviert wurde) meistens hilfreicher war als der Einsatz von Confluence. Nach Untersuchung der Kommunikation aller Teams kann festgestellt werden, dass die JIRA-Kommentarfunktion lediglich 1 Team verwendet hat. Nach Rückfrage bei den Teamleitern der restlichen 5 Teams zeigt sich, dass diese die Funktionalität durchaus genutzt hätten, wäre es ihnen möglich gewesen (Erläuterung hierzu in Abschnitt 3.6) oder sie hätten darüber Bescheid gewusst. Der Vorteil der Kommentarfunktion in JIRA ist, dass die Kommentare direkt den jeweiligen Aufgaben zugewiesen werden. Da eine so konkrete Zuordnung in keinem der anderen Teams im Enterprise Social Software Szenario der Fall war, ist eine bedeutsame Erkenntnis, dass <u>diese Funktionalität auf jeden Fall sinnvoll ist und eingesetzt werden sollte.</u>

Gemäß der Bewertung der Arbeitsergebnisse (Abschnitt 4.5) wurde in 4 Teams das Ergebnis bzw. die Vorgehensweise im Confluence Szenario verbessert, in einem

Team gab es keine Veränderung (eine Verbesserung aufgrund der bereits erzielten vollen Punktezahl war hier gar nicht möglich) und in einem gab es eine Verschlechterung im Confluence Szenario.

Erkenntnisse aus der Auswertung der Operation Reviews im Groupware-Szenario (Abschnitt 4.6.1) sind, dass Enterprise Social Software auch skeptisch betrachtet wird, da man sich durch irgendwelche Plattformen klicken müsse und man bei einem E-Mail-Verteiler sehr einfach up-to-date sei.

Zahlreiche negative Kommentare bezüglich E-Mails stützen die Auswertung in Abschnitt 4.1.

Abschnitt 4.6.2 beschreibt genannte Vor- und Nachteile von Confluence, wovon die genannten Nachteile ausschließlich Confluence-spezifisch sind und somit nicht allgemein Enterprise Social Software betreffen. Da zahlreiche Nachteile von Confluence genannt wurden, wäre es in der Praxis ratsam, die eingesetzte Software iterativ zu optimieren oder ggf. im schlechtesten Fall eine andere einzusetzen.

4.8 Kritische Reflexion

In diesem Abschnitt werden die gewonnenen Erkenntnisse kritisch betrachtet, um die Qualität der Aussagen zu erhöhen. Zum einen wird der Fragebogen näher beleuchtet, zum anderen werden existierende Störvariablen betrachtet.

Der in Abschnitt 3.8 beschriebene und im Anhang beigefügte Fragebogen weist rückwirkend betrachtet die Schwäche auf, dass die Fragen nicht aus einem in der Literatur vorhandenen Schema abgeleitet wurden, was allerdings darauf zurückzuführen ist, dass hierzu kein Geeignetes gefunden werden konnte.

Im Folgenden werden die Störvariablen aus Abschnitt 3.7 näher beleuchtet. Im Anhang ist eine detaillierte Bewertung der Einhaltung der Experimentvorgaben für Aufgabe 1 und 2 je Team zu finden. Zusammenfassend ergeben sich untenstehende beide Tabellen (Tabelle 8 und 9).

Aufgabe 1

	antuprise	B3R	Business Information Architects AG	cometogether solutions	Palm Consulting	Yogurt - IT- Consulting
Ist	28	28	28	25	22	32
Soll	30	30	30	40	30	40
	93%	93%	93%	63%	73%	80%

Tabelle 8: Bewertung Einhaltung Experimentvorgaben Aufgabe 1

Aufgabe 2

	antuprise	B3R	Business Information Architects AG	cometogether solutions	Palm Consulting	Yogurt - IT- Consulting
Ist	40	39	40	28	37	29
Soll	40	40	40	30	40	30
	100%	98%	100%	93%	93%	97%

Tabelle 9: Bewertung Einhaltung Experimentvorgaben Aufgabe 2

Im Folgenden werden die Teams näher betrachtet, die stark (weniger als 90% Einhaltung der Vorgaben) von den Vorgaben abgewichen sind.

Aufgabe 1, cometogether solutions, 63%, Enterprise Social Software Szenario: Zum einen wurde JIRA nicht sinnvoll eingesetzt. Dies zeigte sich beispielsweise durch das Kanban-Board, das noch einige Teilaufgaben aus Aufgabe 1 als unerledigt kennzeichnete, obwohl Aufgabe 1 bereits abgeschlossen war. Außerdem wurden die Unterlagen nicht in Confluence eingereicht sondern per E-Mail. Auch die Kanban-Vorgehensweise wurde nicht ordnungsgemäß durchgeführt, da alle Teilergebnisse auf einmal eingereicht wurden, statt jeweils vollständiger Teilergebnisse. Wie in allen Teams gab es zwar eine Qualitätssicherung, aber Fehler wurden nicht separat dokumentiert. Ebenso erfolgte keine Protokollierung von Telefonaten/Konferenz gemäß der Vorlage und die Protokollierung war nicht ausführlich genug. Kritik an Vorgaben aus dem Konzept wurden erst am Ende der Bearbeitungszeit von Aufgabe 1 angebracht und nicht sofort nach dem Auftreten. Auch die Vorgaben zur Zeiterfassung wurden nicht eingehalten und es erfolgte kein fristgerechte Einreichung der Zeiterfassung. Wikis wurden nicht wie vorgesehen als Grundlage für Operation Reviews und zur Fehlerprotokollierung eingesetzt. Durch den Projektleiter erfolgte lediglich nur teilweise eine Betreuung, Überwachung und Motivation, bezogen auf die Enterprise Social Software. Abschließend gibt es noch zu erwähnen, dass doppelte Dateneingaben nicht bewusst ausgeschlossen wurden.

Aufgabe 1, Palm Consulting, 73%, Groupware-Szenario:

Analog cometogether solutions wurde JIRA nicht sinnvoll eingesetzt. Des Weiteren wurde das falsche Szenario ausgewählt, wie in Abschnitt 3.6 schon erläutert. Außerdem wurde das wöchentliche Statusmeeting nicht durchgeführt. Wie in allen Teams gab es zwar eine Qualitätssicherung, aber Fehler wurden nicht separat dokumentiert. Analog cometogether solutions wurde die Zeiterfassung nicht fristgerecht eingereicht.

Aufgabe 1, Yogurt Consulting, 80%, Enterprise Social Software Szenario:

Analog cometogether wurden auch bei Yogurt Consulting alle Teilergebnisse auf einmal eingereicht. Wie in allen Teams gab es zwar eine Qualitätssicherung, aber Fehler wurden nicht separat dokumentiert. Identisch wie bei cometogether wurde Kritik auch erst am nach Abschluss von Aufgabe 1 angebracht. Analog cometogether solutions wurde die Zeiterfassung nicht fristgerecht eingereicht und Wikis wurden

nicht wie vorgesehen als Grundlage für Operation Reviews und zur Fehlerprotokollierung eingesetzt. Durch den Projektleiter erfolgte lediglich nur teilweise eine Betreuung, Überwachung und Motivation, bezogen auf die Enterprise Social Software,
ähnlich wie bei cometogether solutions.

Des Weiteren existieren einige nicht überwachte Störvariablen, wie in Abschnitt 3.7
beschrieben. Dies sind Besprechungen vor Ort, bezogen auf die Zeiterfassung,
Verwendung unterschiedlicher Tools, eine unvollständige Abdeckung der E-Mail-
Kommunikation, Verwendung von Chatfunktionalitäten im Groupware-Szenario,
Verwendung mehrerer Google Drive Funktionalitäten und nicht deaktivierte E-Mail-
Benachrichtigungen.

4.9 Überprüfung der Hypothese

In diesem Abschnitt werden zunächst alle statistischen Hypothesen überprüft und
anschließend, basierend auf den statistischen Hypothesen, die Sachhypothese
überprüft. Da die Messung des Outputs der Kommunikations-Effizienz sehr komplex
ist, werden indirekt Erkenntnisse aus dem Abschnitt 4.5 darauf abgeleitet. Wie in
Abschnitt 4.5 beschrieben, hat sich das Ergebnis bzw. die Vorgehensweise im
Enterprise Social Software Szenario sogar tendenziell eher verbessert. Daher kann
davon ausgegangen werden, dass sich der Output der Kommunikationseffizienz
zumindest nicht verschlechtert hat bzw. für alle statistischen Hypothesen ein gleicher
Output angenommen werden kann.

Statistische Hypothese 1:

Wie in Abschnitt 4.1 erläutert, wurden im Enterprise Social Software Szenario
durchschnittlich 91,8% an E-Mails eingespart. Daher sind die in der statistischen
Hypothese 1 angegebenen mindestens erforderlichen 90 Prozent erfüllt, was die
statistische Hypothese 1 bestätigt.

Statistische Hypothese 2:

Da der Zeitaufwand für virtuelle Besprechungen gemäß Abschnitt 4.3 um 24,3% im
Enterprise Social Software Szenario gesenkt wurde (die Behauptung war mindestens
20%), kann auch die statistische Hypothese 2 bestätigt werden.

Ableitung der statistischen Hypothesen auf die Sachhypothese:

Es hat sich gezeigt, dass alle statistischen Hypothesen bestätigt werden konnten. Unterstützend hierzu werden die Ergebnisse des Fragebogens, gemäß Abschnitt 4.4, herangezogen: Der Fragebogen hat gezeigt, dass bezogen auf den "Zeitaufwand für die Kommunikation" im Rahmen des Experiments Confluence im Durchschnitt um 1,58 Notenstufen besser bewertet wurde als E-Mails. Gemäß der statistischen Hypothese 1 wurden mehr als 90% E-Mails eingespart und E-Mails im Vergleich zu Confluence als wesentlich zeitaufwendiger für die Kommunikation empfunden. Dadurch ergibt sich folglich, dass durch Enterprise Social Software, bezogen auf den hier betrachteten Fall, der Zeitaufwand für die Kommunikation gesenkt wird. Da sich der Output, wie im oberen Bereich dieses Abschnitts beschrieben, nicht negativ verändert hat, wird durch den gesenkten Zeitaufwand die Kommunikationseffizienz gesteigert. Dies wird durch die Senkung des Zeitaufwandes für virtuelle Besprechungen (statistische Hypothese 2) sowie diversen weichen Indikatoren aus Tabelle 6 (Abschnitt 4.4.1) bekräftigt.

Folglich kann die Sachhypothese "Durch den Einsatz von Enterprise Social Software (in Kombination mit klassischer Groupware) für die interne Kommunikation im agilen Projektumfeld lässt sich die Kommunikationseffizienz steigern, verglichen mit dem Einsatz klassischer Groupware-Lösungen." bestätigt werden. Allerdings muss die Repräsentativität des Experiments und somit auch der Sachhypothese wie folgt eingegrenzt werden:

Wie in Abschnitt 3.1 erläutert, nahmen 23 männliche und 1 weiblicher Masterstudent(en) (Eingrenzung 1) des Studiengangs "Informationssysteme" mit einem geschätzten Durchschnittsalter von circa 25 Jahren teil, was zu einer Eingrenzung auf junge IT Akademiker (Eingrenzung 2) führt. Das durchgeführte Unternehmensplanspiel kann dem Bereich Software-Beratung (Eingrenzung 3) zugeordnet werden.

Aufgrund entsprechender Vorgaben an die Experiment-Teilnehmer (Abschnitt 3.5) wurde zum einen das Szenario so vorgegeben, dass jedes Team-Mitglied an einem anderen Standort sitzt. Im Experiment wurden somit verteilte Teams (Eingrenzung 4) betrachtet. Ebenso gab es Tool-Vorgaben (Eingrenzung 5), um eine bessere Vergleichbarkeit sicherzustellen. Außerdem wurde der agile Prozess Kanban (Eingrenzung 6) ausgewählt.

5. Konzeptionelle Vorarbeit

Im Rahmen dieses Kapitels werden als Grundlage für die Konzepterstellung diverse Fallstudien, ein Leitfaden, ein Modell im Bereich Enterprise 2.0, sowie die Erfolgsmessung von Informationssystemen und der Human-Performance-Cycle betrachtet.

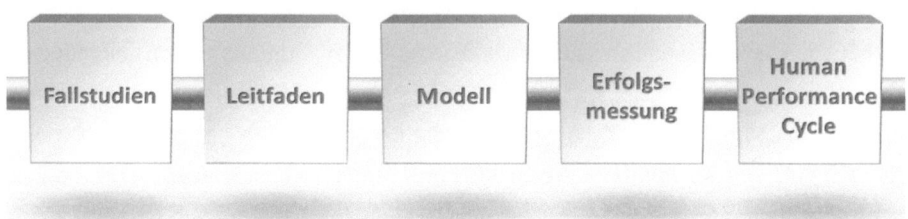

Abbildung 23: Übersicht der konzeptionellen Vorarbeit

5.1 Fallstudienanalyse

Im Folgenden werden mit Hilfe einer Fallstudienanalyse Erfolgsfaktoren als Grundlage für die Konzepterstellung identifiziert.

Die Fallstudien stammen aus dem Enterprise 2.0 Fallstudiennetzwerk http://www.e20cases.org, hinter dem ein Team von Universitätsinstituten mit dem Schwerpunkt Social Software in Unternehmen steht.[42] Die untersuchten Fallstudien stammen alle aus der Kategorie "orange". Es handelt sich hier ausschließlich um Fallstudien, die einem Peer-Review-Verfahren unterzogen wurden und mit einem Fallstudienraster konform sind. Sie stellen somit die höchste Qualitäts- und Reifestufe dar.[43]

Da sich viele Erfolgsfaktoren in mehreren Fallstudien widerspiegeln, werden im Rahmen der Fallstudienanalyse folgende Fallstudien-Kategorien (untenstehend mit "F" abgekürzt) definiert, deren Bedeutung im Zusammenhang mit den untersuchten Fallstudien verständlich wird.

---

[42] Vgl. E20 Cases (o.J. a)
[43] Vgl. E20 Cases (o.J. b)

1: Management (F1)

2: Vorgehensweise (F2)

3: System (F3)

4: Schulungen (F4)

5: Betreuung und Feedback (F5)

6: Kultur/Philosophie (F6)

7: Extern (F7)

8: Motivation (F8)

9: Vorgaben (F9)

10: Freiheiten (F10)

11: Nutzen (F11)

12: Stakeholder (F12)

13: Optimierung (F13)

Aus der Analyse ergibt sich untenstehende Aufstellung (Tabelle 10).

Nr.	Firma	Zuordnung zu Kategorie	Erfolgsfaktor	Quelle
1	Communardo Software GmbH	1 - Management	Teilnahme von Führungskräften	Böhringer, Röhrborn (2009), Seite 9 f.
		2 - Vorgehensweise	schnelles Entstehen einer kritischen Masse	
		3 - System	Integration mit vorhandenen IT-Werkzeugen	
2	ABB AG	4 - Schulungen	Wiki-Tour	Steinhüser, Räth (2010), Seite 12 f.

		5 - Betreuung und Feedback/8 - Motivation	Individuelle Motivation und Beratung von Meinungs- machern	
		5 - Betreuung und Feedback	Kompetente und "sensib- le" Betreuung der Inhalte	
		13 - Optimierung	Regelmäßiges "Re- Engineering"	
		6 - Kul- tur/Philosophie	Offene Unternehmenskul- tur	
		1 - Management	Vorbildfunktion des Managements und Unterstützung der Aus- breitung	
		3 - System	Systembezogene Fakto- ren (Wiki-Anbindung,	
			Einstellen von Inhalten und geschl. Räume)	
		7 - Extern	Web 2.0 in den Medien	
3	T-Systems Multimedia Solutions	6 - Kul- tur/Philosophie	offene Wissenskultur leben	Bukvova, Kalb (2010), Seite 10 f.
		1 - Management	Unterstützung durch das Management	
		3 - System	TeamWeb zur Problemlö- sung	
		3 - System/5 - Betreuung und Feedback	Strukturierung des Wiki (Navigation und Wiki Gärtner)	
4	Pentos AG	1 - Management	Vorbildfunktion des Managements	Stocker, Krasser, Tochtermann (2010), Seite 19

				f.
		8 - Motivation	Aufforderung und positive Ermunterung	
		8 - Motivation	anonymer Auswertungs-mechanismus über Lesevorgänge	
		9 - Vorgaben	klare Vorgaben zu Aufbau, Inhalt und Umfang der Beiträge	
		5 - Betreuung und Feedback	Individuelle Motivation und Beratung	
		8 - Motivation	Aufnahme in Zielvereinba-rung	
		9 - Vorgaben	Synergien durch die Erlaubnis von privaten Blogs	
		8 - Motivation	Aufnahme in Bonussystem	
5	Adtelligence	10 - Freiheiten	Freiheit für die Mitarbeiter	Walter, Alten-dorf (2010), Seite 18 f.
		9 - Vorgaben	Schnelles Trennen von Altlasten	
		9 - Vorgaben	Verantwortungen definie-ren	
		8 - Motivation	Sanktionen	
6	Rheinmetall	3 - System	Fokus auf Ganzheitlichkeit und Integration	Koch, Bentele (2011), Seite 16 f.
		3 - System	Bereitstellung einer intuitiv nutzbaren Infrastruktur	

			Vermeidung von aufwändigen Endbenutzerschulungen	
		4 - Schulungen	Vermeidung von aufwändigen Endbenutzerschulungen	
		11 - Nutzen	Konzentration auf die Kommunikation von Nutzen und guten Beispielen	
		12 - Stakeholder	frühzeitige Beteiligung der Betriebsräte	
		12 - Stakeholder	Einführung offen und transparent	
			Sichtweise "Werkzeuge für die Mitarbeiter" statt Leistungskontrolle	
		10 - Freiheiten	(freiwillige Unternehmensfunktionen und keine Protokollierung)	
7	ESG	12 - Stakeholder	Zusammensetzung des Ad-Hoc-Teams aus allen Bereichen	Koch, Thönnißen (2011), Seite 16
		1 - Management	direkte Unterstützung durch die Geschäftsführung	
8	Siemens	4 - Schulungen	Use-Case-Workshops in kleinerem Kreis	Mörl, Heiss, Richter (2011), Seite 18 f.
		3 - System	Migration von vorhandenen Inhalten	
9	Capgemini	10 - Freiheiten	Nutzungsoffenheit der Dienste	Richter et al. (2011), Seite 14-18
		1 - Management	Unterstützung durch das Management	

		9 - Vorgaben	Motivation durch Netiquette	
10	SFS services	4 - Schulungen	Einführung in die Grundsätze der Bedienung und Dokumentation	Cervellieri et al. (2011), Seite 12
		11 - Nutzen	Aufzeigen von Vorteilen anhand praktischer Erfahrungen	
		2 - Vorgehensweise	Gewinnung innovationsfreudiger Mitarbeiter	
		10 - Freiheiten	Learning by doing kombiniert mit Offenheit für neue Technologien	

Tabelle 10: Fallstudienanalyse

Im Folgenden wird die Häufigkeit aller Kategorie-Zuordnungen genannt und die entsprechenden unterschiedlichen Nennungen aufgezählt.

1: Management (F1): 6

- direkte Unterstützung durch die Geschäftsführung

- Teilnahme von Führungskräften

- Unterstützung durch das Management

- Vorbildfunktion des Managements und Unterstützung der Ausbreitung

2: Vorgehensweise (F2): 2

- Gewinnung innovationsfreudiger Mitarbeiter

- schnelles Entstehen einer kritischen Masse

3: System (F3): 7

- Bereitstellung einer intuitiv nutzbaren Infrastruktur

- Fokus auf Ganzheitlichkeit und Integration

- Integration mit vorhandenen IT-Werkzeugen

- Migration von vorhandenen Inhalten

- Strukturierung des Wiki (Navigation und Wiki Gärtner)

- System bezogene Faktoren (Wiki-Anbindung, Einstellen von Inhalten und ge-
  schl. Räume)

- TeamWeb zur Problemlösung

4: Schulungen (F4): 4

- Einführung in die Grundsätze der Bedienung und Dokumentation

- Use-Case-Workshops in kleinerem Kreis

- Vermeidung von aufwändigen Endbenutzerschulungen

- Wiki-Tour

5: Betreuung und Feedback (F5): 4

- Beratung von Meinungsmachern

- Kompetente und "sensible" Betreuung der Inhalte

- Strukturierung des Wiki (Navigation und Wiki Gärtner)

6: Kultur/Philosophie (F6): 2

- offene Unternehmenskultur

- offene Wissenskultur leben

7: Extern (F7): 1

Web 2.0 in den Medien

8: Motivation (F8): 6

- anonymer Auswertungsmechanismus über Lesevorgänge

- Aufforderung und positive Ermunterung

- Aufnahme in Bonussystem

- Aufnahme in Zielvereinbarung

- Individuelle Motivation von Meinungsmachern

- Sanktionen

9: Vorgaben (F9): 5

- klare Vorgaben zu Aufbau, Inhalt und Umfang der Beiträge
- Motivation durch Netiquette
- Schnelles Trennen von Altlasten
- Synergien durch die Erlaubnis von privaten Blogs
- Verantwortungen definieren

10: Freiheiten (F10): 4

- Freiheit für die Mitarbeiter
- Learning by doing kombiniert mit Offenheit für neue Technologien
- Nutzungsoffenheit der Dienste
- Sichtweise "Werkzeuge für die Mitarbeiter" statt Leistungskontrolle (freiwillige Unternehmensfunktionen und keine Protokollierung)

11: Nutzen (F11): 2

- Aufzeigen von Vorteilen anhand praktischer Erfahrungen
- Konzentration auf die Kommunikation von Nutzen und guten Beispielen

12: Stakeholder (F12): 3

- Einführung offen und transparent
- frühzeitige Beteiligung der Betriebsräte
- Zusammensetzung des Ad-Hoc-Teams aus allen Bereichen

13: Optimierung (F13): 1

- Regelmäßiges "Re-Engineering"

Die hier ermittelten und kategorisierten Erfolgsfaktoren fließen in die Entwicklung des Konzepts mit ein.

5.2 Analyse eines Leitfadens

Im Folgenden wird der vom „Bundesverband Digitale Wirtschaft" (BVDW) herausge-gebene Leitfaden "Enterprise 2.0" zusammengefasst wiedergegeben und substanzi-elle Eckpunkte analysiert, um eine Struktur für das Konzept im nächsten Kapitel zu entwickeln. Die einzelnen Elemente der Vorgehensweise werden mit einem "V" abgekürzt und durchnummeriert.

In Zeiten zunehmender Vernetzung, Globalisierung, politischen Veränderungen, Innovationen, starker Konkurrenz und schlecht vorhersehbaren kritischen Situationen muss unter anderem das Geschäftsmodell und die Strategie hinterfragt werden. Da viele Unternehmen bisher traditionell geführt wurden, bringt eine Neuausrichtung grundlegende Veränderungen mit sich. Hierfür ist ein sogenanntes "Need for Chan-ge" (Projektzeitraum 2 Jahre mit intensiver Begleitung) notwendig.[44]

Eine entsprechende Anpassung der Unternehmensvision (V1) und Unternehmens-strategie (V2) ist hierzu erforderlich. Am grundlegendsten muss sich die Unterneh-menskultur (V3) ändern, um die Partizipation besser zu fokussieren. Die neue Unternehmenskultur sollte hierbei den Fokus auf den Mensch statt auf Prozesse setzen, was eine Vertrauenskultur voraussetzt. Ebenso muss eine flexible Arbeits-weise durch flache Hierarchien ermöglicht werden, was sich innovationsfördernd auswirken kann. Außerdem müssen Wissen und Prozesse für jedermann zugänglich sein, da Offenheit und Transparenz in der neuen Kultur wesentlich sind. Durch die neue Unternehmenskultur kann sich das Unternehmen im Idealfall schneller an den Markt anpassen.[45]

Das bisherige Geschäftsmodell (V4) muss ab sofort klar nachvollziehbare Erfolgskri-terien beinhalten und eine kollaborative Zusammenarbeit unterstützen. Die hierarchi-schen Organisationsstrukturen (V5) sollten mehr auf die vernetzte Zusammenarbeit ausgerichtet werden, um den Fokus besser auf bestimmte Themen oder Projekte legen zu können. Es muss also die Möglichkeit bestehen, zwischen Hierarchie

---

[44] Vgl. BVDW (2013), Seite 7 f.
[45] Vgl. BVDW (2013), Seite 7 bis 9 und 11

(Abläufe, die vordefiniert sind) und Heterarchie (spontane Selbstorganisation) zu wechseln.[46]

Die bisherige Kommunikationsstruktur (V6) muss ebenso verändert werden, indem die Kommunikationswege nicht mehr strikt nach dem Organigramm eingehalten, sondern aufgelöst werden, um relevantes Wissen individuell abrufbar zu machen. Ebenso sollten die statischen Inseln von Wissen (V7) durch ein kollektives Wissen abgelöst werden. Falls die Prozess-Steuerung (V8) aktuell zentral erfolgt, muss diese durch Eigenverantwortung und Selbstorganisation ersetzt werden. Sanktionierung und Organisation wird hierbei durch Moderation und Unterstützung ersetzt.[47]

Des Weiteren sind folgende Teams zu bilden, um die Einführung der Enterprise Social Software zu unterstützen: Ein Team, bestehend aus der Geschäftsführung und weiteren bedeutenden Entscheidungsträgern (V9), das sich um die strategische Planung des genannten Change-Prozesses kümmert. Ein weiteres Team, das häufig auch Taskforce (V10) genannt wird, bestehend aus Mitarbeitern aller Unternehmens-bereiche, mit der Aufgabe, alle wesentlichen Informationen den Bezugsgruppen zu übermitteln, zum Mitmachen anregen und den gesamten Prozess zu steuern. Eben-falls werden von der Taskforce mit Fokus auf die geänderten Unternehmensziele Richtlinien festgelegt, sowie technische Lösungen in Zusammenarbeit mit dem anderen Team untersucht und eingeführt. In der Implementierungsphase müssen die Anforderungen auf Basis von Designkonzepten und funktionalen Spezifikationen technisch korrekt umgesetzt werden (V11). Eine enge Zusammenarbeit, sicherge-stellt durch eine direkte Feedback-Schleife (V12) mit den Stakeholdern ist hier sehr bedeutsam, um den Erfolg zu sichern. Hierzu werden in Abstimmung mit den Stake-holdern strategische Anwendungsfälle definiert und überprüft. Besonders hier zeigen sich die Veränderungen im Zugriffs- und Rechtemanagement, da die Anwendungsfäl-le funktions- und abteilungsübergreifend sind. Falls die Enterprise Social Software auch für die externe Kommunikation eingesetzt wird, müssen zwangsläufig mehrere Technologien (V13) kombiniert werden. Nach einer Auswahl der Plattform ist eine Integration mit Altsystemen (V14) sinnvoll, ebenso wie eine kontinuierliche Optimie-rung (V15). Nach der Implementierung liegt der Fokus mehr auf den Kampagnen zur Sensibilisierung der Thematik (V16), Führung und Betreuung der Community (V17).

---

[46] Vgl. BVDW (2013), Seite 7f. und 12
[47] Vgl. BVDW (2013), Seite 7-9 und 12

Motivation zur alternativlosen Nutzung (V18) und der Generierung und Weiterentwicklung von Anwendungsfällen (V19), als auf der Struktur und Technik.[48]

Zur Erfolgsmessung sollten Kennzahlen (V20) eingeführt werden. Allerdings ist hierbei der Datenschutz (V21) zu berücksichtigen, der Betriebsrat miteinzubeziehen (V22) und die Mitarbeiter zu informieren (V23). Mögliche Key Performance Indicators sind hierbei:

"1. Aktivität der Nutzer im Netzwerk, Grad der Vernetzung unter den Mitarbeitern, Influencer (hohe Vernetzung/hohe Aktivität), Topical Leader, Anzahl der Updates der Statusmeldungen, Grad der Profilvollständigkeit ...

2. In wie vielen Gruppen sind Mitarbeiter aktiv, Zugriffe via VPN, zu welchen Zeiten sind Mitarbeiter aktiv, Microblogging/Chat-Konversationen, abgeschlossene Workflows/Projekte (erfolgreich), Relevanz (Wie oft werden Inhalte, Apps, Gruppen oder Dokumente genutzt?), geschlossene Tickets? ...

3. Menge an Wissen, Kritik und Feedback, Anzahl der Verbesserungsvorschläge, Suchergebnisse (Treffer), Anzahl der Tags, Links und Bookmarks ...

4. Geschwindigkeitsoptimierung im Entscheidungsprozess oder Inhalte finden ..."[49]

Da auf den Plattformen häufig Grafiken (inkl. Logos) sowie Fotos abgespeichert werden, muss das Urheberrecht (V24), Markenrecht (V25) und Persönlichkeitsrecht (V26) beachtet werden - auch wenn die Plattform nur unternehmensintern verwendet wird. Hierzu ist es sinnvoll, Nutzungsbedingungen (V27) zu erstellen und die dazugehörige Akzeptanzerklärung des Benutzers zu dokumentieren.[50] Eine stillschweigende Duldung der Privatnutzung (V28) führt zur Erlaubnis, auch wenn eine Privatnutzung ohne entsprechende Regelung grundsätzlich automatisch per Gesetz untersagt ist.[51]

---

[48] Vgl. BVDW(2013), Seite 9 bis 11
[49] BVDW (2013), Seite 13
[50] Vgl. BVDW (2013), Seite 14 f.
[51] Vgl. BVDW (2013), Seite 15

5.3 Analyse des "Model of Employee's adoption of Enterprise 2.0"

Eine in 2013 veröffentlichte australische Doktorarbeit mit dem Titel "The Adoption of Web 2.0 within Enterprises: Employee's Perspectives" beantwortet die Forschungsfrage "What are the issues that influence Web 2.0 adoption within organisations?" und "How do these issues influence employees' adoption of Web 2.0 within organisations?".[52]

Zur Beantwortung der zweiten Forschungsfrage werden identifizierten Einflussfaktoren 3 Oberkategorien ("Individual", "Innovation" und "Context") zugeordnet, Gesichtspunkte zur Motivation sowie Hürden betrachtet und die Abhängigkeiten untereinander aufgezeigt.[53]

Tabelle 11 zeigt die Einflussfaktoren im Bereich "Individual" auf, die als Grundlage für Abschnitt 6.2 dienen.

---

[52] Vgl. Alqahtani (2013), Seite 188
[53] Vgl. Alqahtani (2013), Seite 191

Summary of "Individual" Adoption Influences

Adoption influences	Motivate				Hinder			Associated influences
	Active Adop.	Passive Adop	Frequent Adop.	Collabor. Adop.	Active Adop	Frequent Adop.	Collabor. Adop.	
Demographics (Theme 1: Peoples' traits)								
Age			X		X			
Years of service		X	X					Desire to learn
Job role	X		X		X	X		Web 2.0 enthusiasm
Personality(Theme 1: Peoples' traits)								
Confidence	X	X	X		X			Capability
Openness to sharing knowledge	X		X					
Web 2.0 enthusiasm	X		X					
Desire to learn		X	X					Years of service
Capability	X		X		X			
Sense of ownership	X		X					
Passion for writing	X		X					Web 2.0 type

Tabelle 11: Individuelle Einflussfaktoren [54]

Als "Active Adopters" werden Mitarbeiter bezeichnet, die zum einen bezüglich Web 2.0 proaktive Mitglieder innerhalb der Organisation sind und die durch Dankbarkeit und Anerkennung weiter zum aktiven Nutzen von Web 2.0 animiert werden sollen[55], "Passive Adopters" sind passiv eingestellte Nutzer, die eher nur Inhalte konsumieren[56], "Frequent Adopters" nutzen Web 2.0 häufig und "Collaborative Adopters" sind Benutzer, die ihr Wissen teilen und mit anderen zusammenarbeiten.[57]

Folgende Ausprägungen sind hierbei von Vorteil:[58]

- Alter ("Age"): niedrig (aktiv)

- Dienstjahre ("Years of Service"): wenig (passiv)

- Job-Position ("Demographics"): operative Ausrichtung (aktiv)

---

[54] Alqahtani (2013), Seite 150

[55] Vgl. Alqahtani (2013), Seite 122
[56] Vgl. Alqahtani (2013), Seite 180 und 192
[57] Vgl. Alqahtani (2013), Seite 127 und 185
[58] Vgl. im Folgenden Alqahtani (2013), Seite 132f.

- Selbstvertrauen ("Confidence"): viel (aktiv), wenig (passiv)

- Offenheit zum Wissensaustausch ("Openness to sharing knowledge"): hoch (aktiv)

- Begeisterung für Web 2.0 ("Web 2.0 enthusiasm"): hoch (aktiv)

- Lernbegierde ("Desire to learn"): hoch (passiv)

- eigene Fähigkeiten ("Capability"): hoch (aktiv)

- Unternehmerdenken ("Sense of ownership"): hoch (aktiv)

- Leidenschaft, Texte zu verfassen ("Passion for writing"): hoch (aktiv)

Hürden sind hierbei:[59]

- Alter: hoch (Häufigkeit)

- Job-Position: strategische Ausrichtung (aktiv und Häufigkeit)

- Selbstvertrauen: niedrig (aktiv)

- eigene Fähigkeiten: niedrig (aktiv)

Abschließend ist zu erwähnen, dass es sich bei der Etablierung um einen kontinuierlichen Prozess handelt und sich dieser im Laufe der Zeit entwickeln und verändern kann.[60]

5.4 Erfolgsmessung von Enterprise Social Software

IDC gibt als größte Hürde im Bereich Enterprise Social Software die Messbarkeit des Einflusses auf die Geschäftsziele an.[61]

Eine Veröffentlichung im Rahmen der Wirtschaftsinformatik-Konferenz 2014 in Paderborn, basierend auf 26 Experteninterviews, zeigt auf, dass im Bereich Enterprise Social Software Erfolgsmessungsmodelle benötigt werden, die einfach sowie

---

[59] Vgl. im Folgenden Alqahtani (2013), Seite 131
[60] Vgl. Alqahtani (2013), Seite 189
[61] Vgl. IDC (2013)

praktikabel sind und auch die verschiedenen Lebenszyklen und Aufwand-Nutzen-Aspekte betrachten.[62]

Tabelle 12 zeigt die identifizierten Barrieren bei der Erfolgsmessung.

Kategorie	Barriere
Wer misst den Erfolg? *Barriere: Ressourcen und Verantwortlichkeit*	Keine Verantwortlichen
	Zu hoher Aufwand
	Fehlende Kapazitäten
	Kein akzeptables Nutzen / Aufwand-Verhältnis
	Kein offizielles Projekt / U-Boot-Projekt
Was soll gemessen werden? *Barriere: Ziele und Zieldefinition*	Keine Ziele
	Ungenaue (nicht messbare) Ziele
	Schwierigkeit, Kennzahlen zu definieren; Nur möglich, invalide Annahmen zu machen
	Erfolgsmessung bzw. ROI zu komplex; Generelle Komplexität der Effekte von ESS
Wie wird die Erfolgsmessung umgesetzt? *Barriere: Vorgehen und Datenmaterial*	Datenschutzbestimmungen
	Grenzen von Umfragen (Sprache, Länge)
	Regulierungen durch Betriebsrat
	Technische Grenzen der Datenerhebung und Auswertung
	Fehlende Vergleichsdaten
	Schutz personenbezogener Daten
	Komplexität inhaltlicher Analyse

Tabelle 12: Barrieren bei der Erfolgsmessung [63]

Die hier identifizierten Probleme bei der Erfolgsmessung von Enterprise Social Software werden im Rahmen von Kapitel 6 berücksichtigt.

5.5 Human-Performance-Cycle

Ein um die Erkenntnisse aus empirischen Untersuchungen im Bereich Performance-Measurement-Systeme erweitertes Human Performance Modell, das aus Ökonomie- sowie verhaltenstheoretischen Ansätzen entwickelt wurde, schlägt folgende Handlungsempfehlungen (im Folgenden mit "H" abgekürzt) vor: Ziele sollten herausfordernd aber realistisch sein (H1) und sich in Individual- und Gruppenziele aufteilen (H2). Des Weiteren sind transparente Ziele (H3) sowie eine Begrenzung auf wenige

---

[62] Vgl. Herzog et al. (2014), Seite 10
[63] Herzog et al. (2014), Seite 5)

74

bedeutsame Ziele (H4) erforderlich. Es ist hierbei bedeutsam, die Erwartungen und Bedürfnisse des Mitarbeiters zu berücksichtigen (H5) und sowohl vertikal als auch horizontal im Unternehmen abzustimmen (H6). Ebenso bevorzugen Mitarbeiter eine Leistungsorientierung und -differenzierung (H7), also die Sanktion schlechter Leistung bzw. die Belohnung guter Leistungen. Regelmäßige Schulungen der Führungskräfte im Bereich Performance Measurement Systeme (H8) sind von Bedeutung, um die Systeme beispielsweise für die Karriereplanung ordnungsgemäß einzusetzen. Ein regelmäßiger intensiver, aber prägnanter Austausch zwischen Mitarbeitern und Führungskräften zu einzelnen Projekten oder Handlungen (H9) ist erforderlich, wenn möglich mit Hilfe von objektiven Steuerungsinstrumenten. Außerdem ist die aktive Einbindung von Mitarbeitern zur Erhöhung der Akzeptanz und des Vertrauens (H10) besonders von Bedeutung. Wie in vielen Bereichen muss auch das Performance Measurement System an die Firma angepasst (H11) und als dynamischer Prozess aufgefasst (H12) werden. Wenn möglich sollten alle Mitarbeiter im System erfasst werden (H13) und das System einfach und einheitlich (H14) gestaltet sein, was durch einen Fokus auf Wesentliches sowie die Vermeidung komplizierter Modelle erleichtert wird. Abschließend ist noch zu erwähnen, dass eine Verknüpfung mit anderen Managementwerkzeugen (H15) erforderlich ist.[64]

---

[64] Vgl. Pleier (2008), Seite 216-219

6. Etablierungskonzept

Im Mittelpunkt des hier vorgestellten Konzepts steht der Mensch. Dies hat im Kern zwei Gründe:

1. Während der Mensch im klassischen Projektmanagement eine Ressource darstellt, steht er im agilen Umfeld im Mittelpunkt bzw. wird als Haupterfolgsfaktor gesehen (siehe Abschnitt 2.3).

2. Social Software zielt, wie in Abschnitt 2.2 erwähnt, auf eine hohe Benutzbarkeit ab und soll soziale Netzwerke und Gemeinschaften unterstützen.

Bezieht man unter diesen Gesichtspunkten das Anfangs-Zitat der Arbeit, das Antoine de Saint-Exupery zugeschrieben wird, auf die Etablierung von Enterprise Social Software, könnte es wie folgt lauten:

"Wenn Du eine Social Software im Unternehmen etablieren willst, dann zwinge nicht deine Mitarbeiter von heute auf morgen, die Software nach einem vorgefertigten Schema zu nutzen, sondern wecke die Sehnsucht nach einer offenen Unternehmenskultur, die auf die Bedürfnisse des Menschen eingeht."

Aus diesem Grund beginnt das Konzept zur Etablierung der Enterprise Social Software mit dem Kommunizieren der Mehrwerte (siehe untenstehende Grafik).

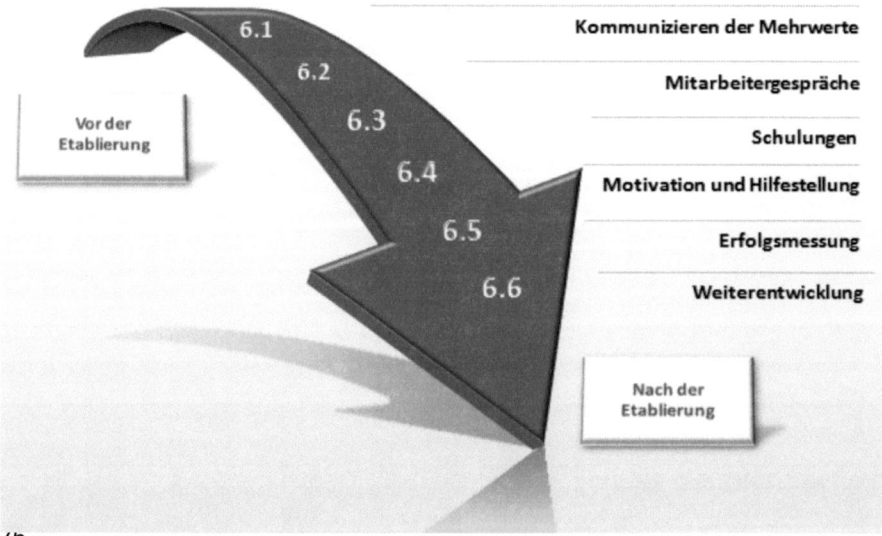

Abbildung 24: Gliederung des Konzepts

Das Konzept kombiniert Erkenntnisse aus Abschnitt 2.2, 2.3, 4.7 und 5.

Es werden folgende drei Zielgruppen angesprochen:

1. Unternehmen, die bereits Enterprise Social Software einsetzen, allerdings noch nicht im agilen Umfeld.

2. Unternehmen, die bereits Enterprise Social Software im agilen Umfeld einsetzen, aber die Etablierung noch weiter optimieren möchten.

3. Unternehmen, die noch keine Enterprise Social Software einsetzen, aber dies beabsichtigen und hierfür im agilen Umfeld den ersten Schritt wagen. Für diese Zielgruppe gilt zu beachten, dass es sich bei dem Konzept um ein Etablierungskonzept handelt und somit nicht die Implementierung der Enterprise Social Software betrachtet wird.

Es gilt allerdings zu beachten, dass es kein universell gültiges Konzept für jede Firma geben kann, da sich der Einsatz von Enterprise Social Software an den Stärken und

Schwächen jedes Unternehmens individuell ausrichten muss, wie in Abschnitt 2.2 erläutert.

Die Umsetzung des Konzepts erfolgt teilweise top-down, aber größtenteils bottom-up, da bottom-up analog Abschnitt 2.2 bei Social Software sinnvoll ist. Konkret bedeutet dies, dass zwar von "oben" Mehrwerte kommuniziert und Schulungen durchgeführt werden, diese aber sehr wenige Vorgaben beinhalten und stattdessen der Fokus auf eine iterative Weiterentwicklung gesetzt wird. Es ist also intensiv auf die Erkenntnisse und Anregungen der Anwender zu achten und danach sollte auch die Umsetzung ausgerichtet werden.

Der Anwendungsbereich bezieht sich auf das agile Projektumfeld, eine Eingrenzung beispielsweise speziell nur auf die Softwareentwicklung erfolgt nicht.

Wie in Abschnitt 5.3 erwähnt, handelt es sich bei der Etablierung um einen kontinuierlichen Prozess, der sich im Laufe der Zeit entwickeln und verändern kann.

Die Etablierung sollte transparent und offen gestaltet sein, was eine frühzeitige Einbeziehung von Mitarbeitern aus allen Bereichen sowie des Betriebsrates einschließt („12: Stakeholder" aus Abschnitt 5.1).

Falls die Etablierung der Enterprise Social Software im Anschluss an das agile Projektumfeld unternehmensweit durchgeführt werden soll, empfiehlt es sich, folgende Bereiche gemäß Abschnitt 5.2 zu berücksichtigen:

- Unternehmensvision (V1)

- Unternehmensstrategie (V2)

- Unternehmenskultur (V3)

- Geschäftsmodell (V4)

- Organisationsstrukturen (V5)

- Kommunikationsstruktur (V6)

- Wissen (V7)

- Prozess-Steuerung (V8)

6.1 Kommunizieren der Mehrwerte

Aus Abschnitt 5.2 geht hervor, dass die Mitarbeiter vorab zu informieren (V23) sind. Gemäß "11: Nutzen" aus Abschnitt 5.1 ist es bedeutsam, dass die Mitarbeiter den Nutzen durch die Enterprise Social Software kennen. Aus diesem Grund werden in diesem Abschnitt verschiedene Mehrwerte, die die Enterprise Social Software im agilen Umfeld bietet, betrachtet. Es empfiehlt sich daher, diese Mehrwerte an die Mitarbeiter zu kommunizieren. Die hier aufgezeigten Mehrwerte dienen aber auch dazu, das obere Management von Enterprise Social Software zu überzeugen und um konkrete Einsatzmöglichkeiten aufzuzeigen, die beispielsweise auch eine Integration des Kunden berücksichtigen. Eine Übersicht von Abschnitt 6.1 stellt Tabelle 13 dar.

Abschnitt	basiert auf Abschnitt
6.1.1	2.2
6.1.2	2.2
6.1.3	4.9
6.1.4	2.2
6.1.5	2.2
6.1.6	4.7
6.1.7	5.1 und 5.2

Tabelle 13: Übersicht Abschnitt 6.1

6.1.1 Identifikation von Experten

In einem Projektumfeld (unabhängig ob es agil ist oder nicht) ergibt sich ein entsprechender Einsatz vor Projektbeginn und während des Projekts. Bevor ein Projekt gestartet wird, muss das Team zusammengestellt werden. Gemäß Abschnitt 2.2 wird Social Networking durch automatisierte Vorschläge basierend auf besuchten Seiten unterstützt. Hierdurch können Experten einfach und schnell identifiziert werden und dadurch ein Team zusammengestellt werden. Während des Projekts können bei spezielllen Fragen zu einzelnen Themen gegebenenfalls Experten kurzzeitig zu Rate gezogen werden, die als Wissensträger unterstützen können. Da sich, wie in Abschnitt 2.3 erläutert, ein agiles Management besonders für innovative Projekte (S1) eignet, gewinnt die Identifikation von Experten unter Umständen im agilen Umfeld eine noch größere Bedeutung. Ebenso ist eine für das agile Umfeld geeignete Teamgröße (S10) zu wählen.

6.1.2 Auffinden von Informationen

Die Suche nach gezielten Informationen kann in vielen Fällen lange dauern und mit der Zeit demotivieren. Besonders für neue Mitarbeiter, die sich in vielen Bereichen einlesen müssen, ist es erforderlich, bestimmte Informationen schnell zu finden. Ein anderes Beispiel sind Informationen zu alten Projekten, die für ein aktuelles Projekt benötigt werden. Abschnitt 2.3 erwähnt die Bedeutung der Erfahrungen mit gleichen oder ähnlichen Projekten (S8). In diesem Zusammenhang spielt das Auffinden von Informationen eine große Rolle.

Die erste der sechs von McAfee beschriebenen Komponenten (Abschnitt 2.2) von Enterprise 2.0, lautet "Search". Die Benutzer müssen somit das finden können, wonach sie suchen. Bei durchschnittlich 49 versandten E-Mails je Team im Groupware-Szenario (Abschnitt 4.7) kann sich eine Suche als sehr aufwändig herausstellen, vor allem unter dem Hintergrund, dass es sich bei dem Szenario um eine von zwei Aufgaben eines Arbeitspaketes handelt, welches wiederum nur einen Teil eines überschaubaren Projekts darstellt. Dies wird erschwert, indem in einigen E-Mails mehrere Themen gleichzeitig diskutiert werden und somit der Bezug zu Teilaufgaben fehlt (siehe 4.6.1). Durch eine übersichtliche Gestaltung, automatisierter Vorschläge basierend auf besuchten Seiten, sowie eine integrierte Suchfunktion für Blog und Wiki können gezielt Informationen gefunden werden (analog der Definition in Abschnitt 2.2). Wie die quantitative Auswertung des Fragebogens (Abschnitt 4.4.1) zeigt, war der gefühlte Zeitaufwand zum Auffinden von Informationen niedriger als bei E-Mails.

6.1.3 Kommunikation

Ein weiterer Mehrwert für die Mitarbeiter liegt im Bereich der Kommunikation. Wie im Abschnitt 4.9 beschrieben, konnte die Hypothese "Durch den Einsatz von Enterprise Social Software (in Kombination mit klassischer Groupware) für die interne Kommunikation im agilen Projektumfeld lässt sich die Kommunikationseffizienz steigern, verglichen mit dem Einsatz klassischer Groupware-Lösungen." bestätigt werden. Hier hat sich gezeigt, dass durch den Einsatz von Enterprise Social Software im Rahmen des Experiments 91,8% an E-Mails eingespart wurden sowie durchschnittlich 24,3% weniger Zeitaufwand für virtuelle Besprechungen erforderlich war. Ein kompletter Verzicht auf E-Mails erscheint allerdings als unwahrscheinlich. Eine Alternative für eine 1 zu 1 Kommunikation bietet unter Umständen die Instant Messaging Funktionalität. Das Experiment zeigt, dass Confluence für Mitteilungen über den aktuellen Stand sowie das Einholen von Entscheidungen/Meinungen geeigneter war als E-Mails. Aus dem Experiment zeigt sich, dass sich hierfür sowohl Wikis als auch Blogs eignen, wenn diese eine Kommentarfunktion besitzen. Es empfiehlt sich allerdings, die Kommentare direkt den entsprechenden Aufgaben zuzuordnen bzw. entsprechend zu strukturieren. Hierbei eignet sich ein Projektmanagement-Tool mit Enterprise Social Software Funktionalitäten.

Wie in Abschnitt 2.2 beschrieben, dient Instant-Messaging für eine eilige schriftliche Kontaktaufnahme. Es muss sich nicht ausschließlich um eine 1 zu 1 Kommunikation handeln. Es gilt allerdings zu beachten, dass hier in der Regel keine absolute transparente Kommunikation sichergestellt wird und die Diskussion normalerweise nicht dauerhaft sichtbar ist, außer sie wird in irgendeiner Form in der Plattform archiviert.

Es gilt zu beachten, dass sich die Hypothese lediglich auf die interne Kommunikation bezieht. Besonders im agilen Umfeld darf jedoch die externe Kommunikation, also beispielsweise mit dem Kunden, nicht vergessen werden. Dies ergibt sich unter anderem auch aufgrund der in Abschnitt 2.3 aufgeführten Schlussfolgerung Einbeziehung von Stakeholdern (S13). Hierbei besteht durch iterative Problemlösungsprozesse (S12) ein gesteigerter Bedarf an Kommunikation.

Die Einbindung des Kunden in die Enterprise Social Software stellt eine große Herausforderung dar. Es ergibt sich aus Abschnitt 5.2 die notwendige Kombination mehrerer Technologien (V13). Hierfür gibt es zwei Möglichkeiten:

1.) Entweder wird der externe Partner direkt in die unternehmensinterne Plattform eingebunden, wobei ein entsprechendes Rechtemanagement erforderlich ist und der Zugang von extern ermöglicht werden muss. Voraussetzung hierfür ist ebenfalls, dass sich der externe Partner zur Nutzung der Plattform bereiterklärt. Zu beachten gilt in diesem Fall außerdem, dass Kommentare des externen Partners in der Plattform gegebenenfalls im Zweifelsfall rechtlich nicht anerkannt werden. Abhilfe kann hier in der Vertragsgestaltung ein Festpreis schaffen. Da im agilen Umfeld, wie in Abschnitt 2.3 beschrieben, aber ohnehin der Fokus mehr auf Flexibilität statt auf genaue Soll/Ist-Vergleiche bezüglich der Anforderungen gelegt wird, spielt diese Problematik eine eher untergeordnete Rolle.

2.) Falls der externe Partner beispielsweise einfach nur weiter per E-Mail kommunizieren möchte, wäre eine Integration einer Art Ticketsystem in die Enterprise Social Software denkbar, um die Kommunikation mit dem externen Partner in der Plattform abzubilden und beispielsweise Anmerkungen/Änderungen als zu erledigende Aufgabe innerhalb der Plattform zu kennzeichnen. Falls diese automatische Lösung nicht angestrebt wird, müsste die Kommunikation mit dem externen Partner manuell abgebildet werden, was einen zusätzlichen Aufwand für die Mitarbeiter darstellt und nicht im Sinne von Enterprise Social Software ist, da die Software die Arbeit erleichtern soll.

Ein Beispiel für die interne Kommunikation innerhalb des agilen Projekts wird in Abschnitt 4.2 anhand der Terminabstimmung veranschaulicht. Kommunikation ist besonders im agilen Umfeld bedeutsam, da die Interaktion im Team (S9) gemäß Abschnitt 2.3 ein substanzieller Bestandteil ist.

Aber auch für die Kommunikation außerhalb des agilen Projekts innerhalb des eigenen Unternehmens sollte die Enterprise Social Software zum Einsatz kommen, da wie in Abschnitt 2.2 beschrieben, bei Enterprise Social Software im Gegensatz zu Groupware ein größerer Personenkreis angestrebt wird. Hierbei sollte gemäß Abschnitt 5.2 eine flexible Kommunikationsstruktur (V6) vorhanden sein, statt einer Ausrichtung nach dem Organigramm.

6.1.4 Teilen von Wissen

Entsprechend Abschnitt 2.2 haben viele Menschen die Sehnsucht, selbst Autor zu sein und damit einer größeren Menge etwas mitzuteilen. Hierfür kann beispielsweise ein Blog eingesetzt werden, indem kumulativ neue Beiträge erstellt werden können. Wenn die Erstellung der Inhalte iterativ erfolgen soll, also Korrekturen/Änderungen der Inhalte gewünscht sind, empfiehlt sich ein Wiki. Gemäß dem in Abschnitt 5.2 beschriebenen Leitfaden empfiehlt es sich, statische Wissensinseln durch ein kollektives Wissen (V7) abzulösen. Durch das Teilen von Wissen und der Möglichkeit, gemeinsam an einem Wiki zu arbeiten, wird dies ermöglicht. Zusätzliche Motivationsgesichtspunkte, neben der Sehnsucht, selbst Autor zu sein, werden in 6.4 behandelt. Die How-To-Beiträge in Abschnitt 4.2 sind ein Beispiel für das Teilen von Wissen. Abschnitt 2.3 erwähnt die Bedeutung der Erfahrungen mit gleichen oder ähnlichen Projekten (S8). Hierbei spielt das Teilen von Wissen eine erhebliche Rolle.

Es können sowohl Inhalte als auch Links (Social Bookmarking) geteilt werden und Tags vergeben werden (Social Tagging). Im Rahmen des Experiments wurden beispielsweise How-To-Beiträge erstellt, nützliche Links geteilt, sowie ein „About us", Besprechungsnotizen, Chat-Logs und Dokumentationen (beispielsweise Operation Reviews) erstellt. Wie die Auswertung des Fragebogens zeigt, eignete sich Confluence im Vergleich zu E-Mails für die Erarbeitung eines formalen Dokumentes, der Dokumentation von Arbeitsergebnissen und für das Brainstorming. Ein kumulatives Teilen von Informationen kann durch Blogs erfolgen, ein inkrementelles, gemeinsames Erstellen von Inhalten in Form von Wikis. Wie die quantitative Auswertung des Fragebogens (Abschnitt 4.4.1) zeigt, war die Bereitschaft zum Informationsaustausch in Confluence höher wie bei E-Mails. Es ist erforderlich, darauf hinzuweisen, dass sowohl das Urheberrecht (V24), Markenrecht (V25) als auch Persönlichkeitsrecht (V26) (Abschnitt 5.2) beachtet werden muss.

6.1.5 Sozialer Austausch

In 5.2 wird die Privatnutzung (V28) der Enterprise Social Software angesprochen. Da eine Privatnutzung grundsätzlich gesetzlich untersagt ist, sollte im Bereich von Schulungsmaßnahmen (Abschnitt 6.3) explizit darauf hingewiesen werden, dass dies gestattet ist. Dadurch ist die Grundlage für einen sozialen Austausch der Mitarbeiter geschaffen. Es kann somit beispielsweise über Privates gebloggt, die Plattform zur privaten Kommunikation (z.B. Abstimmung wegen Fahrgemeinschaft, Kantine oder Freizeitgestaltung) genutzt und ein intensiveres Gemeinschaftsgefühl durch die Identifizierung gemeinsamer Interessen erzeugt werden. Außerdem wird durch Profile, in denen die Interessen angegeben sind, ein einfacherer und schnellerer Zugang zu neuen Kollegen ermöglicht, was ebenso wie die anderen genannten Gesichtspunkte in neuen gemeinsamen agilen Projekten von Vorteil ist. Die unter 6.1.3 genannten Möglichkeiten ergeben sich somit auch für den sozialen Austausch, welcher allerdings in einen separaten Bereich unterteilt werden sollte.

6.1.6 Freude an der Nutzung

Wie die quantitative Auswertung des Fragebogens, Abschnitt 4.4.1, zeigt, war die Motivation und der Spaß mit Confluence eindeutig höher wie mit E-Mails. Dies wird in 4.4.2 nochmal bekräftigt, da E-Mails als umständlich, unpraktisch und anstrengend empfunden und für längere Antwortzeiten verantwortlich gemacht werden. Ebenfalls wird in 4.6.1 eine regelrechte "E-Mail-Flut" angesprochen, die auf keine große Freude an der Nutzung schließen lässt. In 4.4.2 und 4.6.2 beschriebene Nachteile von Confluence aus Sicht der Nutzer, die nicht generell für Enterprise Social Software gelten, sondern nur auf Confluence bezogen sind, deuten darauf hin, dass sich die Freude an der Nutzung bei einer für den Anwender noch besser empfundenen Software noch mehr von E-Mails unterscheiden wird.

6.1.7 Offene Unternehmenskultur und Selbstorganisation

Sowohl in 2.2, 5.1, 5.2 als auch 5.5 wird die Unternehmenskultur angesprochen. Der Fokus wird hierbei auf die Zusammenarbeit gelegt. Das Augenmerk muss auf dem

Mensch liegen, was Vertrauen voraussetzt. Ist dies etabliert, bietet diese Vertrauenskultur einen erheblichen Mehrwert für den Mitarbeiter und das Unternehmen. Es erfolgen sowohl eine Abstimmung vertikal als auch horizontal im Unternehmen (H6) und ein regelmäßiger intensiver aber prägnanter Austausch zwischen Mitarbeitern und Führungskräften zu einzelnen Projekten oder Handlungen (H9). Es sollten auch die Führungskräfte die Plattform aktiv nutzen (1: Management), um die offene Unternehmenskultur authentisch zu gestalten. Die Enterprise Social Software ermöglicht in diesem Zusammenhang für alle geteilte Inhalten die notwendige Transparenz (Abschnitt 4.7). Wie in 2.2 beschrieben wird, ist Groupware eher top-down-orientiert, während Social Software dem Anwender Funktionalitäten bereitstellt, aber die Art der Nutzung dem Anwender überlässt. Es ergibt sich ebenfalls eine Selbstorganisation (S5) (Abschnitt 2.3) durch den Einsatz von Enterprise Social Software.

6.2 Mitarbeitergespräche

Nachdem den Mitarbeitern die Mehrwerte bekannt sind, sind Kampagnen zur Sensibilisierung der Thematik (V16) (Abschnitt 5.2) bzw. die Einbeziehung der Mitarbeiter (Abschnitt 2.2) von Bedeutung. Das Ziel in dieser Phase sollte sein, innovationsfreudige Mitarbeiter zu gewinnen bzw. ein schnelles Entstehen der kritischen Masse sicherzustellen („2: Vorgehensweise" aus Abschnitt 5.1). Unterstützend wirkt sich hierbei die Bekanntheit von Web 2.0 in den Medien aus („7: Extern" aus Abschnitt 5.1). Eine Berücksichtigung der Erwartungen und Bedürfnisse des Mitarbeiters (H5) sowie eine aktive Einbindung von Mitarbeitern zur Erhöhung der Akzeptanz und des Vertrauens (H10) (Abschnitt 2.6) ist notwendig. Hierzu sollten Mitarbeitergespräche durchgeführt werden, um die folgenden Ausprägungen der in Abschnitt 5.3 beschriebenen individuellen Einflussfaktoren ("People's traits") zu identifizieren: Positiv wirken sich in optimaler Ausprägung Alter, Dienstjahre, Job-Position, Selbstvertrauen, Offenheit zum Wissensaustausch, Begeisterung für Web 2.0, Lernbegierde, eigene Fähigkeiten, Unternehmerdenken, sowie die Leidenschaft, Texte zu verfassen, aus. Gleichzeitig können sich in ungünstiger Ausprägung allerdings wiederum Alter, Job-Position, Selbstvertrauen und eigene Fähigkeiten negativ auswirken.

Ein Einwand aus dem Experiment (Abschnitt 4.6.1), dass man sich bei E-Mails nicht durch irgendwelche Plattformen klicken müsse, zeigt, dass Skepsis gegenüber Enterprise Social Software bestehen kann und auf diese eingegangen werden muss.

6.3 Schulungen

Wie unter 5.1 als Kategorie "4: Schulungen" zusammengefasst, ist es erforderlich, die Mitarbeiter vorab mit der Nutzung der Plattform vertraut zu machen. Die Schulungen sollten ein ausgeglichenes Mittel zwischen "9: Vorgaben" und "10: Freiheiten" (Abschnitt 5.1) darstellen. Es sollten somit hilfreiche Tipps und Richtlinien mit an die Hand gegeben werden, aber ein relativ zeitnahes Ausprobieren an der Plattform ermöglicht werden. Es muss abgewägt werden, ob beispielsweise Vorgaben über den Aufbau, Inhalt und Umfang von Beiträgen gemacht werden oder nicht. Eine Netiquette sollte möglichst angestrebt werden. Eine Kombination der Offenheit für neue Technologien, die durch die Mitarbeitergespräche in Abschnitt 6.2 sichergestellt werden soll, mit einem „Learning by doing", ist hier empfehlenswert („9: Vorgaben" und „10: Freiheiten" aus Abschnitt 5.1).

Eine Einführung in die Grundsätze der Bedienung und Dokumentation mit Hilfe einer Wiki-Tour sowie Use-Case-Workshops in kleinerem Kreis sind sinnvoller als aufwändige Endbenutzerschulungen (siehe „4: Schulungen" aus Abschnitt 5.1). Im Anschluss bietet sich eine Reflexion an.

Eine Integration mit Altsystemen (V14) gemäß Abschnitt 5.2 ist hilfreich und sollte bereits im Rahmen der Schulungen durchgeführt werden, damit sich die Anwender schneller und einfacher mit der Plattform identifizieren können.

Im Rahmen der Schulung sollte ebenfalls eine Generierung und Weiterentwicklung von Anwendungsfällen (V19) (Abschnitt 5.2) stattfinden.

Gemäß den Erläuterungen aus Abschnitt 6.1.5 empfiehlt es sich, eine Privatnutzung der Plattform zu gestatten und im Rahmen der Schulungen darauf hinzuweisen. Allerdings sollten für die Privatnutzung separate Bereiche angelegt werden.

Im Experiment hat sich gezeigt, dass es sinnvoll ist, direkt im Projektmanagement-Tool (in diesem Fall JIRA) Enterprise Social Software Funktionalitäten (in diesem Fall die Kommentar-Funktionalität) bereitzustellen, um die Kommunikation direkt den Aufgaben zuzuordnen.

Dies deutet darauf hin, dass die Kombination von Nicht-Enterprise-Social-Software-Funktionalitäten mit Enterprise-Social-Software-Funktionalitäten sogenannten Insellösungen vorzuziehen ist bzw. möglichst wenige verschiedene Plattformen eingesetzt werden sollten. Für ein agiles Projektumfeld wäre eine Komplettlösung denkbar, die folgendes allgemeine Tool-Portfolio gemäß Abschnitt 2.2 abdeckt und miteinander kombiniert.

Groupware	Enterprise Social Software
E-Mails	Blogs (Microblogs/Weblogs)
gemeinsame To-Do-Listen	Wikis
gemeinsame Adressbücher	Social Bookmarking
gemeinsame Terminkalender	Social Tagging
Informationsräume zur Verwaltung gemeinsamer Datenbestände	Social Networking
Gruppeneditoren	Instant Messaging
Konferenzsysteme	

Tabelle 14: Tool-Portfolio Komplettlösung

Der Einsatz von Enterprise Social Software verfolgt somit nicht das Ziel, beispielsweise komplett das Telefon oder E-Mails zu ersetzen. Eine sinnvolle Kombination ist hier zielführender.

Dies wird durch den notwendigen Fokus auf Ganzheitlichkeit sowie die Integration mit vorhandenen IT-Werkzeugen („3: System" aus Abschnitt 5.1) bestätigt.

Welche der Enterprise Social Software Tools die Mitarbeiter inwiefern unterstützen, wird, basierend auf den Erläuterungen in Abschnitt 6.1.1 bis 6.1.5, wie folgt zusammengefasst:

- Übersichtlichere Identifikation von Experten durch Social Networking.

- Schnelleres Auffinden von Informationen durch eine übersichtliche Gestaltung, automatisierte Vorschläge und einer integrierten Suchfunktion für Blog und Wiki.

- Effizientere Kommunikation durch Wikis und Blogs mit Kommentarfunktion, wenn möglich mit einer Integration in das bestehende Projektmanagement-Tool, um Kommentare direkt Aufgaben zuweisen zu können. Auch eine entsprechende Information an die Benutzer sollte erfolgen, da beispielsweise im Experiment einige Teams davon nicht Gebrauch gemacht haben, weil sie nicht wussten, dass es diese Funktionalität gibt (Abschnitt 4.7). Für eine eilige schriftliche Kontaktaufnahme dient Instant-Messaging. Es gilt allerdings zu beachten, dass hier in der Regel keine absolute transparente Kommunikation sichergestellt wird und die Diskussion normalerweise nicht dauerhaft sichtbar ist, außer sie wird in irgendeiner Form in der Plattform archiviert.

- Einfaches Teilen von Inhalten durch Wiki (iterativ) und Blog (kumulativ) kombiniert mit Social Bookmarking (Teilen von Links) sowie Social Tagging (Vergeben von Tags).

- Sozialer Austausch durch die Nutzung oben genannter Funktionalitäten in einem abgegrenzten Bereich.

Diese Übersicht kann als Grundlage für die genannte Wiki-Tour dienen.

6.4 Motivation und Hilfestellung

Aus 5.1 gehen die Erfolgsfaktoren "5: Betreuung und Feedback" und "8: Motivation" hervor, sowie die Führung und Betreuung der Community (V17) und eine Motivation zur alternativlosen Nutzung (V18) aus 5.2.

In diesem Abschnitt wird dies unter "Motivation und Hilfestellung" zusammengefasst, was aber ebenso Feedback beinhaltet. Es gibt eine Reihe von Möglichkeiten, die Mitarbeiter zur Nutzung der Enterprise Social Software zu animieren. Gemäß 5.5 sind herausfordernde und gleichzeitig realistische Ziele (H1), eine Aufteilung in Individual- und Gruppenziele (H2), transparente Ziele (H3) sowie eine Begrenzung auf wenige bedeutsame Ziele (H4) generell im Zusammenhang mit Zielen von Bedeutung. Außerdem wird häufig von den Mitarbeitern eine Leistungsorientierung und -differenzierung (H7) gewünscht. Im Rahmen von Enterprise Social Software ist daher die Aufnahme von herausfordernden, transparenten individuellen und gruppenbezogenen Enterprise Social Software Zielen in die Mitarbeiter-Zielvereinbarung denkbar, um das unterschiedliche Engagement von Mitarbeitern im Rahmen der Enterprise Social Software zu differenzieren. Die Daten hierfür kann beispielsweise Abschnitt 6.5 liefern.

Des Weiteren fördert ein aktives Nutzen der Software durch das Management die Motivation der Anwender (Erfolgsfaktor "1: Management" aus 5.1 und Abschnitt 2.2).

Aber nicht nur Motivation, sondern auch eine Hilfestellung bei Fragen und Problemen ist für den Erfolg von Enterprise Social Software ausschlaggebend.

Im Rahmen der Hilfestellung ist gegenseitiges Feedback sehr bedeutsam, um die Anwendungsfälle weiterentwickeln zu können.

Besonders bedeutsam sind die Beratung von Meinungsmachern sowie eine kompetente und „sensible" Betreuung der Inhalte. Auch ein sogenannter „Wiki-Gärtner", der das Wiki strukturiert, ist hilfreich („5: Betreuung und Feedback" aus Abschnitt 5.1).

Zusätzlich motivieren kann ein anonymer Auswertungsmechanismus über Lesevorgänge, da der Autor eines vielgelesenen Beitrags sich den vielen Lesevorgängen bewusst wird. Auch Sanktionen können motivierend wirken, sollten aber nur in besonders kritischen Fällen eingesetzt werden (siehe „8: Motivation" aus Abschnitt 5.1).

6.5 Erfolgsmessung

Die Erfolgsmessung sollte sowohl harte als auch weiche Kriterien berücksichtigen. Harte Kriterien werden durch Kennzahlen (V20) (Abschnitt 5.2) repräsentiert. Hierbei sind regelmäßige Schulungen der Führungskräfte im Bereich Performance Measurement Systeme (H8), eine Anpassung des Performance Measurement Systems an die Firma (H11), die Auffassung als dynamischer Prozess (H12), sowie die Erfassung aller Mitarbeiter im System (H13) erforderlich. Zudem sollte es sich um ein einheitliches und einfaches System (H14) handeln und eine Verknüpfung mit anderen Managementwerkzeugen (H15) stattfinden (Abschnitt 5.5). Aus 5.4 geht hervor, dass es drei Kategorien von Probleme bei der Erfolgsmessung gibt: Wer (Verantwortlichkeiten/Ressourcen), Was (Zieldefinition/fehlende oder nicht messbare Ziele) und Wie (Datenmaterial/Betriebsrat/Datenschutz/Vorgehen). Deshalb muss folgendes berücksichtigt, festgelegt oder zur Verfügung gestellt werden:

- Verantwortliche

- Benötigte Ressourcen

- Projekt zur Erfolgsmessung

- klare, messbare Ziele

- sinnvolle Kennzahlen

- Datenschutz

- Betriebsrat

- sinnvolle Fragebögen und Auswertungen

- Vergleichsdaten

Aus Abschnitt 5.2 ergeben sich folgende mögliche Key Performance Indicators:

- Aktivität der Nutzer im Netzwerk

- Grad der Vernetzung unter den Mitarbeitern

- Influencer (hohe Vernetzung/hohe Aktivität)

- Topical Leader

- Anzahl der Updates der Statusmeldungen

- Grad der Profilvollständigkeit

- In wie vielen Gruppen sind Mitarbeiter aktiv

- Zugriffe via VPN

- zu welchen Zeiten sind Mitarbeiter aktiv

- Microblogging/Chat-Konversationen

- abgeschlossene Workflows/Projekte (erfolgreich)

- Relevanz (Wie oft werden Inhalte, Apps, Gruppen oder Dokumente genutzt?)

- geschlossene Tickets

- Menge an Wissen

- Kritik und Feedback

- Anzahl der Verbesserungsvorschläge

- Suchergebnisse (Treffer)

- Anzahl der Tags

- Links und Bookmarks

- Geschwindigkeitsoptimierung im Entscheidungsprozess oder Inhalte finden

Weiche Kriterien lassen sich nicht explizit messen, es zählt mehr ein Eindruck über die Nutzung der Software. Es muss beispielsweise sichergestellt werden, dass die Mitarbeiter nicht ihr Tagesgeschäft vernachlässigen bzw. zu stark abgelenkt sind. Daher ist eine notwendige Voraussetzung, dass die Mitarbeiter selbständig und unternehmerisch denken (siehe Abschnitt 6.2). Ebenfalls sollte die neue Unternehmenskultur auch tatsächlich gelebt werden. Dies zeigt sich beispielsweise dadurch, ob eine Bereitschaft zu einer transparenten Kommunikation gegeben ist oder weiterhin Informationen zurückgehalten werden. Auch eine dauerhafte Vermeidung der Enterprise Social Software Funktionalitäten kann auf eine mangelnde Akzeptanz gegenüber der neuen Unternehmenskultur hindeuten. Es empfiehlt sich, diese weiche Erfolgsmessung in 6.6 zu berücksichtigen. Damit ist gemeint, dass der in Abschnitt 6.6 angesprochene regelmäßige und intensive Austausch zwischen Führungskräften und Mitarbeitern auch als ein weiches Kriterium für die Erfolgsmessung gesehen wird.

6.6 Weiterentwicklung

Erfolgsfaktor "13: Optimierung" aus 5.1 sowie kontinuierliche Optimierung (V15) aus 5.2 zeigen den Bedarf für eine Weiterentwicklung auf. Dies bezieht sich zum einen sowohl auf die Generierung und Weiterentwicklung von Anwendungsfällen (V19), als auch auf die Plattform, wenn beispielsweise später mehrere Technologien (V13) eingesetzt werden. Ein anderes Beispiel ist, wenn die Plattform iterativ ausgerollt wird (beginnend mit dem agilen Umfeld) und somit erst von Zeit zu Zeit mit anderen Abteilungen verknüpft wird (gemäß Abschnitt 2.2 wird für Social Software ein größerer Personenkreis im Vergleich zu Groupware angegeben). Durch das in Abschnitt 6.4 angesprochene Feedback können sich mögliche notwendige Änderungen im Bereich der Richtlinien und Einsatzgebiete ergeben. Aus diesem Grund sind regelmäßige Feedback-Runden sinnvoll. Wie in Abschnitt 4.7 erwähnt, wäre es in der Praxis ratsam, die eingesetzte Software iterativ zu optimieren oder ggf. im schlechtesten Fall eine andere einzusetzen. Ein regelmäßiges „Re-Engineering" („13: Optimierung" aus Abschnitt 5.1) ist hierfür zielführend. Diese Notwendigkeit wird auch durch den in Abschnitt 5.5 erwähnten regelmäßigen, intensiven, aber prägnanten Austausch zwischen Mitarbeitern und Führungskräften zu einzelnen Projekten oder Handlungen (H9) bestätigt. Besonders die angesprochene weiche Erfolgsmessung aus Abschnitt 6.5 sollte bei der Weiterentwicklung berücksichtigt werden.

7. Fazit

Als Abschluss wird in diesem Kapitel die Arbeit zusammengefasst, gewonnene Erkenntnisse (inkl. Einschränkungen) hervorgehoben und ein Ausblick gewährt.

7.1 Zusammenfassung

Neben einer Erläuterung der Problemstellung, wie auch der Zielsetzung, wurden in Kapitel 1 der Aufbau sowie die Vorgehensweise behandelt. Ebenso erfolgte eine Erläuterung der Sachhypothese und der dazugehörigen beiden statistischen Hypothesen. Im Kapitel 2 wurden theoretische Grundlagen vermittelt und Begriffe für darauffolgende Kapitel definiert. Dies waren Groupware, Enterprise Social Software, Agiles Projektumfeld und Kommunikationseffizienz. Kapitel 3 beschrieb folgende Elemente des Experiments: Allgemeine Rahmenbedingungen, die Problembeschreibung, unabhängige und abhängige Variablen, der Experiment-Aufbau, Vorgaben an die Experiment-Teilnehmer, die Durchführung des Experiments, sowie Störvariablen und ein für das Experiment entworfener Fragebogen. Eine Datenauswertung des Experiments erfolgte in Kapitel 4. Eine Auswertung der E-Mails ergab, dass im Enterprise Social Software Szenario 91,8% an E-Mails eingespart wurden. Ein kompletter Verzicht auf E-Mails erscheint allerdings als unwahrscheinlich, da beispielsweise die Zusendung der Zugangsdaten/Passwörter ein zwingend notwendiges Beispiel für eine 1 zu 1 Kommunikation ist und hierfür die einzige Alternative die Chat-Funktion gewesen wäre. Es hat sich ebenso herausgestellt, dass im Durchschnitt 18,5 von 49 E-Mails im Groupware-Szenario für die 1 zu 1 Kommunikation verwendet wurden, was 37,8% entspricht. In der Enterprise Social Software sind die Nachrichten hingegen von allen Teammitgliedern sichtbar, was die Transparenz erhöht. Die im Experiment eingesetzte Enterprise Social Software wurde zur Abstimmung, für How-To-Beiträge, Terminierung von Besprechungen, Terminabstimmung, Qualitätssicherung, Zeiterfassung, Koordination, Teilen von Links, Strukturierung, Besprechungsnotizen, Chat-Logs und Diskussion sowie der Erstellung eines „About us" und zur Dokumentation von Operation Reviews verwendet. Gemäß einer Auswertung der

Zeiterfassung der Besprechungen wurde der durchschnittliche Zeitaufwand für virtuelle Besprechungen um 24,3% bzw. 3,6 Stunden pro Team gesenkt. Eine quantitative Auswertung des Fragebogens bezüglich der Frage nach dem „Zeitaufwand für die Kommunikation" ergibt, dass Confluence im Durchschnitt um 1,58 Notenstufen besser bewertet wurde als E-Mails. Im Allgemeinen wurde Confluence, basierend auf dem Fragebogen im untersuchten Experiment, mindestens 1,16 und maximal 1,44 Notenstufen besser als E-Mails bewertet. Basierend auf dem Vergleich zwischen E-Mails und Confluence gibt es für Enterprise Social Software im agilen Umfeld unter anderem folgende Einsatzzwecke: Die Erarbeitung eines formalen Dokumentes, Mitteilungen über den aktuellen Stand, das Einholen von Entscheidungen/Meinungen, die Dokumentation von Arbeitsergebnissen und das Brainstorming. Mehr als die Hälfte der Befragten gaben an, dass sie im zukünftigen Job größtenteils Confluence und in Einzelfällen E-Mails einsetzen würden, wenn sie in einem agilen Projektumfeld arbeiten würden. Die Nutzung einer Kommentarfunktion im Projektmanagement-Tool (in diesem Fall JIRA) wurde als sinnvoll eingestuft. Eine Auswertung der Operation Reviews im Groupware-Szenario zeigt, dass Enterprise Social Software auch skeptisch betrachtet wird, da man sich durch irgendwelche Plattformen klicken muss und man bei einem E-Mail-Verteiler sehr einfach up-to-date ist. In der Praxis ist es ratsam, die eingesetzte Software iterativ zu optimieren oder ggf. im schlechtesten Fall eine andere einzusetzen. Als Abschluss von Kapitel 4 erfolgte sowohl eine kritische Reflexion der Datenauswertung, als auch eine Bestätigung der beiden statistischen Hypothesen und der dazugehörigen Sachhypothese, allerdings unter Einschränkung der Repräsentativität in Form von sechs Eingrenzungen. Die konzeptionelle Vorarbeit in Kapitel 5 betrachtete 10 Fallstudien, einen Leitfaden vom BVDW, ein "Model of Employee's adoption of Enterprise 2.0", die Erfolgsmessung von Enterprise Social Software sowie den Human-Performance-Cycle. Die konzeptionelle Vorarbeit wurde mit den Abschnitten 2.2, 2.3 und 4.7 in Kapitel 6 kombiniert, um daraus ein Etablierungskonzept zu entwickeln. Dieses sieht vor, dass zuerst der Mehrwert der Enterprise Social Software an die Mitarbeiter kommuniziert werden muss. Im Anschluss daran sind die Mitarbeiter mit Hilfe von Mitarbeitergesprächen einzubeziehen, um eventuell auftretende Ängste und Bedenken aus dem Weg räumen zu können. Durch Schulungen, in denen die Mitarbeiter relativ schnell die Software selbst nutzen sollen, sowie durch eine zusätzliche intensive Motivation und

Hilfestellung kann die Etablierung weiter vorangetrieben werden. Abschließend ist eine Erfolgsmessung und Weiterentwicklung von Bedeutung. Die Arbeit wird im letzten Kapitel zusammengefasst und mit einem aufgezeigten Beitrag zur Forschung, Hinweis auf praktischen Nutzen und Einschränkungen sowie eines Ausblicks abgerundet.

7.2 Beitrag zur Forschung

Die Überprüfung der Hypothese in Abschnitt 4.9 repräsentiert den wesentlichen Beitrag zur Forschung im Rahmen dieser Arbeit. Sowohl die Ausrichtung auf das agile Projektumfeld, als auch die Betrachtung der Kommunikationseffizienz wurde bis dato in der Literatur in dieser Form nicht behandelt. Die Basis für diese Annahme bildet eine systematische Literaturrecherche im Bereich Enterprise Social Software (inkl. synonymen Suchbegriffen gemäß Abschnitt 2.2).

Allerdings tragen auch weitere Punkte dazu bei, die absteigend nach der Bedeutung für die Forschung sortiert sind:

Kapitel 5 fasst Erkenntnisse aus diversen Fallstudien, einem Leitfaden, einem Modell im Bereich Enterprise 2.0 sowie der Erfolgsmessung von Informationssystemen und dem Human-Performance-Cycle zusammen. Diese konzeptionelle Vorarbeit kann somit als Grundlage oder Anregung für zukünftige Forschungsarbeiten dienen.

Das in Kapitel 3 durchgeführte Laborexperiment kann für weitere Experimente im IT-Umfeld als Orientierung verwendet werden, da in der Literatur fast keine Experimente im IT-Bereich gefunden werden konnten, die den Versuchsaufbau detailliert beschreiben und beispielsweise abhängige und unabhängige Variablen sowie Störfaktoren betrachten. Besonders die identifizierten Störvariablen in Abschnitt 3.7 sind für zukünftige Experimente interessant.

Des Weiteren ermöglicht das, im Rahmen von Abschnitt 4.5 zur Bewertung der Arbeitsergebnisse und der Vorgehensweise entworfene Bewertungsschema, eine objektive Bewertung. Dieses kann, in gegebenenfalls modifizierter Form, zur Bewertung von Projektarbeiten an Hochschulen verwendet werden, denn auch hier gestaltet sich eine Suche in der Literatur als schwierig. Wie sich bei der Auswertung des Fragebogens gezeigt hat, präferieren die Studenten eine Bewertung mit detaillierten

Bewertungskriterien. Hierbei wurde für die Bewertung mit detaillierten Bewertungskriterien die Note 2,4 vergeben, für die Bewertung ohne detaillierte Bewertungskriterien hingegen die Note 3,1.

Ebenso kombiniert die im Rahmen dieser Arbeit entwickelte Definition von Enterprise Social Software (Abschnitt 2.2) sowohl die im Jahre 2006 von McAfee aufgestellte Begriffsbestimmung und Komponentenerläuterung mit den modifizierten Zuordnungen von Koch und Richter und einer für die Europäische Kommission erstellten Studie (inkl. genannter Ergänzungen). Dies kann zu einem besseren Verständnis dienen.

7.3 Praktischer Nutzen

Der praktische Nutzen dieser Arbeit unterteilt sich in zwei Bereiche.

Zum einen zeigen die durch die Auswertung des Experiments (inkl. des Fragebogens) gewonnenen Erkenntnisse (Kapitel 4) anschaulich den Nutzen von Enterprise Social Software im agilen Umfeld auf. Durch eine Nutzungsdatenanalyse, sowie die Auswertung des Fragebogens, werden sowohl harte, als auch weiche Kriterien berücksichtigt. Dies wird durch die Überprüfung der Hypothese in Abschnitt 4.9 abgerundet. Dadurch sollen Argumentationen in der Praxis erleichtert werden, wenn beispielsweise zusätzlich benötigte Ressourcen in diesem Bereich erforderlich sind, um Enterprise Social Software intensiv zu etablieren.

Zum anderen bietet das Etablierungskonzept (Kapitel 6) für folgende Unternehmen einen Mehrwert:

1. Unternehmen, die bereits Enterprise Social Software einsetzen, allerdings noch nicht im agilen Umfeld.

2. Unternehmen, die bereits Enterprise Social Software im agilen Umfeld einsetzen, aber die Etablierung noch weiter optimieren möchten.

3. Unternehmen, die noch keine Enterprise Social Software einsetzen, aber dies beabsichtigen und hierfür im agilen Umfeld den ersten Schritt wagen. Für diese Zielgruppe gilt zu beachten, dass es sich bei dem Konzept um ein

Etablierungskonzept handelt und somit nicht die Implementierung der Enterprise Social Software betrachtet wird.

7.4 Einschränkungen

Ebenso wie in vielen anderen wissenschaftlichen Arbeiten, werden auch im Rahmen dieser Arbeit Einschränkungen bezüglich der Aussagekraft getroffen. Es gibt hierbei in vier verschiedenen Bereichen Einschränkungen.

Als erste Einschränkung kann die Repräsentativität des Experiments sowie der überprüften Hypothese in folgenden sechs Punkten genannt werden (eine genauere Beschreibung findet sich in Abschnitt 4.9):

1. 23 männliche und 1 weiblicher Masterstudent(en)

2. junge IT Akademiker

3. Software-Beratung

4. verteilte Teams

5. Tool-Vorgaben

6. Kanban

Als zweites dürfen aufgetretene Störfaktoren im Rahmen des Experiments, die im Abschnitt 3.7 näher beschrieben wurden, nicht außer Acht gelassen werden.

Eine dritte Einschränkung stellt der in 3.8 beschriebene und im Anhang beigefügte Fragebogen dar, der die Schwäche aufweist, dass die Fragen nicht aus einem eventuell in der Literatur vorhandenen Schema abgeleitet wurden.

Die letzte Einschränkung bezieht sich auf die im Rahmen dieser Arbeit aufgestellte Hypothese, die den Fokus auf die Effizienz der internen Kommunikation legt. Denkbar wäre hier beispielsweise für zukünftige Forschungsarbeiten die Betrachtung der Effizienz eines Wissensmanagements in diesem Bereich.

7.5 Ausblick

Durch die genannten Einschränkungen in Abschnitt 7.4 ergibt sich weiteres Forschungspotential durch Laborexperimente in diesem Bereich. Alternativ dazu wären ebenfalls Feldexperimente interessant, die allerdings die Problematik darstellen, dass die Mitarbeiter sowie der Betriebsrat im Rahmen der Auswertung personenbezogener Daten vorher involviert werden müssen und somit die Grundvoraussetzung eines Feldexperiments nicht mehr wirklich gegeben ist.

Des Weiteren muss das in Kapitel 6 vorgestellte Konzept angewandt und überprüft werden, was aufgrund der Ressourcen im Rahmen dieser Arbeit nicht möglich war und auch nicht der Zielsetzung der Arbeit entsprochen hätte.

Besonders eine Betrachtung von Enterprise Social Software, die die Kommunikation mit einem Business to Business Kunden beinhaltet, wurde in der Literatur bisher unzureichend behandelt und muss stärker in den Fokus zukünftiger Forschungsarbeiten gestellt werden. Die vorliegende Arbeit bietet hierfür eine gute Grundlage.

Anhang

Von Abschnitt 3.6: Google Docs Umfrage

Umfrage

Ziel der Umfrage ist es, herauszufinden, wieviele Studenten die untenstehenden Bedenken haben, um basierend darauf das Konzept ggf. abzuändern.

Verpflichtender Einsatz von Dropbox, Google Hangouts etc. für dich OK?
Abstimmung aufgrund der Bedenken eines Studenten: "...ich hab immer ein Problem damit, wenn ich gezwungen werde, nicht-öffentliche Daten in kommerzielle Systeme zu bringen".

○ Ja

○ Nein

Verwenden der vorgegebenen "...mywue.de"-E-Mail-Adressen für dich OK?
Abstimmung aufgrund eines Studenten "weil jeder E-Mail gewöhnt ist und es meistens auf vielen Geräten eingerichtet hat. Niemand wird hier überall diesen E-Mail-Account hinzufügen." und eines anderen "... bei mir allein wären das aber 10 Geräte die ich jetzt auch die neue Mail konfigurieren müsste."

○ Ja

○ Nein

[Senden]

Von Abschnitt 3.6: Abstimmung

Abstimmung

Ziel der Abstimmung ist die demokratische Festlegung der Telefon/Videokonferenz-, Dokumentenmanagement- und E-Mail-Software

Telefon/Videokonferenz-Software

- Skype
- Google Hangout
- TeamViewer
- VSee
- Persony
- ooVoo
- Zorap
- Vbuzzer
- Koowy
- Flash Meeting
- Sonstiges:

Dokumentenmanagement-Software

- ○ Dropbox
- ○ Google Drive
- ○ DocuShare
- ○ Microsoft OneDrive
- ○ TelekomCloud
- ○ CX
- ○ Cubby
- ○ SugarSync
- ○ Copy
- ○ Sonstiges: _____

E-Mail-Software

- ○ Outlook
- ○ Thunderbird
- ○ Evolution
- ○ Postbox
- ○ Zimbra Desktop
- ○ Sylpheed
- ○ IncrediMail
- ○ Foxmail
- ○ Opera Mail
- ○ Seamonkey
- ○ Windows Live Mail
- ○ Sonstiges: _____

Von Abschnitt 3.9: Fragebogen

Anonymer Fragebogen

Die folgenden Fragen (bis auf die letzte Frage) beziehen sich auf das durchgeführte Experiment. Die Bewertung erfolgt in Schulnoten von 1 bis 6 (1 = sehr gut, 6 = ungenügend). Note 7 steht für „Kann ich nicht beurteilen". Note 1 bedeutet beispielsweise bei den Fragen zum Zeitaufwand einen sehr geringen Zeitaufwand. Mussfelder sind mit einem roten Stern gekennzeichnet.

1 * E-Mails

	1	2	3	4	5	6	7
Spaß	○	○	○	○	○	○	○
Überblick	○	○	○	○	○	○	○
Motivation	○	○	○	○	○	○	○
Bereitschaft zum Informationsaustausch	○	○	○	○	○	○	○
Zusammengehörigkeitsgefühl im Team	○	○	○	○	○	○	○
Zeitaufwand zum Auffinden von Informationen	○	○	○	○	○	○	○
Zeitaufwand zum Verteilen von Informationen	○	○	○	○	○	○	○
Zeitaufwand für die Kommunikation	○	○	○	○	○	○	○
Qualität der Ergebnisse	○	○	○	○	○	○	○
Dokumentation von Arbeitsergebnissen	○	○	○	○	○	○	○
Brainstorming	○	○	○	○	○	○	○
Entscheidung/Meinung einholen	○	○	○	○	○	○	○
Erarbeiten eines formalen Dokumentes	○	○	○	○	○	○	○
aktuellen Stand mitteilen	○	○	○	○	○	○	○
Geschwindigkeit Feedback	○	○	○	○	○	○	○
Aufgabenpriorisierung	○	○	○	○	○	○	○
Aufgabenzuteilung	○	○	○	○	○	○	○

2 Anmerkungen zu E-Mails

3 * Confluence

	1	2	3	4	5	6	7
Spaß	○	○	○	○	○	○	○
Überblick	○	○	○	○	○	○	○
Motivation	○	○	○	○	○	○	○
Bereitschaft zum Informationsaustausch	○	○	○	○	○	○	○
Zusammengehörigkeitsgefühl im Team	○	○	○	○	○	○	○
Zeitaufwand zum Auffinden von Informationen	○	○	○	○	○	○	○
Zeitaufwand zum Verteilen von Informationen	○	○	○	○	○	○	○
Zeitaufwand für die Kommunikation	○	○	○	○	○	○	○
Qualität der Ergebnisse	○	○	○	○	○	○	○
Dokumentation von Arbeitsergebnissen	○	○	○	○	○	○	○
Brainstorming	○	○	○	○	○	○	○
Entscheidung/Meinung einholen	○	○	○	○	○	○	○
Erarbeiten eines formalen Dokumentes	○	○	○	○	○	○	○
aktuellen Stand mitteilen	○	○	○	○	○	○	○
Geschwindigkeit Feedback	○	○	○	○	○	○	○
Aufgabenpriorisierung	○	○	○	○	○	○	○
Aufgabenzuteilung	○	○	○	○	○	○	○

4 Anmerkungen zu Confluence

5 * Was würdest du in deinem zukünftigen Job einsetzen, wenn du die Wahl hättest und in einem agilen Projektumfeld arbeiten würdest?

Auswählen... ▾

Auswählen...
ausschließlich Confluence
ausschließlich E-Mails
größtenteils Confluence, aber in Einzelfällen E-Mails
größtenteils E-Mails, aber in Einzelfällen Confluence
kommt darauf an (bitte unter "Anmerkungen" genauer erklären)

6

6   Anmerkungen

7 * Allgemein

	1	2	3	4	5	6	7
Kanban	○	○	○	○	○	○	○
JIRA allgemein	○	○	○	○	○	○	○
JIRA Kanban Boards	○	○	○	○	○	○	○
JIRA als Ergänzung zu Confluence	○	○	○	○	○	○	○
Google Hangout	○	○	○	○	○	○	○
Google Drive	○	○	○	○	○	○	○
Bewertung mit detailierten Bewertungskriterien (Bewertung Work-Package 3 und Experiment)	○	○	○	○	○	○	○
Spaß am Experiment	○	○	○	○	○	○	○
Keine Möglichkeit der Team-Besprechung vor Ort (aufgrund des Szenarios im Experiment)	○	○	○	○	○	○	○

8   Anmerkungen zu Allgemein

9 * Experiment-fremde Fragen

	1	2	3	4	5	6	7
Bewertung ohne detailierte Bewertungskriterien (Work-Package 1 und 2)	○	○	○	○	○	○	○
Team-Besprechungen vor Ort (erlaubt in WP1/WP2, verboten in WP3 wegen Experiment)	○	○	○	○	○	○	○

10   Anmerkungen zu experiment-fremden Fragen

Save   Submit questionnaire

Task/ Szenario	Tätigkeit/ Vorgabe	Bewertung	Differenzierung	mögliche Punkte	antuprise	B3R	BIA	cometogethersolutions	PalmConsulting	Yogurt-IT-Consulting
einmalige Vorarbeit	Einarbeitung in JIRA und Confluence	sinnvoller Einsatz von JIRA und Confluence	je nach Ausprägung	3	3	3	3	2	2	3
taskunabhängig	Einsatz von JIRA und Confluence im Enterprise Social Software Anwendungsfall	Wahl der entsprechenden Software gemäß Team-Einteilung (3 Teams E-Mail, 3 Teams Enterprise Social Software)	volle oder keine Punktzahl	2	2	2	2	2	0	2
taskunabhängig	Zusendung vollständig abgeschlossener Subtasks an Thomas Linner zum Feedback (je nach Anwendungsfall per E-Mail an Thomas Linner oder Enterprise Social Software), zuständig: Projektleiter	- wurden die Unterlagen entsprechend dem Anwendungsfall eingereicht		1	1	1	0	1	1	
		- Einhaltung der Vorgehensweise nach Kanban (vollständige Teilergebnisse einreichen)	je nach Ausprägung	2	1	1	1	0	1	0

taskun-abhän-gig	Verwendung des Kanban-Boards in JIRA	wurde das Kanban-Board verwendet	volle oder keine Punktzahl	3	3	3	3	3	3	
taskun-abhän-gig	1 Statusmeeting pro Woche	- wurde nach dem Start der Bearbeitung (verzögerter Start erfordert ggf. weniger Statusmeetings in Summe) 1 Statusmeeting pro Woche abgehalten	je nach Ausprägung	2	2	2	2	2	0	
taskun-abhän-gig	Durchführung von 2 Operations Reviews (1 je Aufgabe, möglichst in der Mitte der Bearbeitungszeit der jeweiligen Aufgabe)	- wurde das Operations Review gemäß Vorgaben durchgeführt			1	1	1	1	1	
		- wie ausführ-lich wurde dies protokolliert			1	1	1	1	1	
		- wurden die entsprechen-den Protokolle fristgerecht abgegeben	je nach Ausprägung	3	1	1	1	1	1	
taskun-abhän-gig	Aufdecken und Protokollieren von Fehlern durch unabhän-gige Qualitätssi-	- gab es eine QS			1	1	1	1	1	
		- wurden Fehler protokol-liert	je nach Ausprägung	3	0	0	0	0	0	

	cherung (unab-hängig bedeutet, dass die Über-prüfung ein anderer im Team durchführt, der die Aufgabe nicht selbst erledigt hat)	- wurden die entsprechen-den Protokolle fristgerecht abgegeben			0	0	0	0	0	0
taskun-abhän-gig	Telefona-te/Konferenzen sind für Diskus-sionen bzw. längere Unterhal-tungen geeignet, müssen aber protokolliert werden gemäß Vorlage	- wurden Telefona-te/Konferenzen gemäß der Vorlage protokolliert			1	1	1	0	1	1
		- wie ausführ-lich wurden Telefona-te/Konferenzen protokolliert	je nach Ausprägung	2	1	1	1	0	1	1
taskun-abhän-gig	Kontaktieren von Thomas Linner bei Unklarhei-ten/fehlenden Standards , zuständig: Projektleiter	erfolgte seitens der Teilnehmer Kritik bezüglich des Konzepts während der Bearbei-tungszeit (gut) oder erst am Ende (weniger gut)	volle oder keine Punktzahl	1	1	1	1	0	1	0
		- wurden die Vorgaben zur Zeiterfassung eingehalten			2	2	2	0	2	2
taskun-abhän-gig	Zeiterfassung gemäß Vorlage	- wurde die Zeiterfassung fristgerecht abgegeben	je nach Ausprägung	3	1	1	1	0	0	0

Task 1	Abschluss Aufgabe 1	wurden alle Unterlagen zu Task 1 bis spätestens 31.5 um 23:59 Uhr abgegeben	volle oder keine Punktzahl	2	2	2	2	2	2	2	
einmaliger Wechsel	Wechsel Groupware/Enterprise Social Software am 1.6.	hat das Team ohne Erinnerung an den Wechsel gedacht	volle oder keine Punktzahl	3	3	3	3	3	3	3	
taskunabhängig	Aufteilung in ungefähr gleich große Subtasks	wurden für die Kanban-Vorgehensweise ungefähr gleichgroße Subtasks definiert	volle oder keine Punktzahl	1	1	1	1	1	1		
				30	28	28	28	19	22	2	
Enterprise Social Software	Foren für die Abstimmung im Team, unterteilt in verschiedene Themen	- wurden im Enterprise Social Software Szenario Foren verwendet; - erfolgte hier eine Unterteilung in verschiedene Themen	je nach Ausprägung	2				1	1		
Enterprise Social Software	Wiki als „Notizblock" für Ideen, zur Fehlerprotokollierung der Qualitätssicherung und als Grundlage für Operation Reviews	wurden im Enterprise Social Software Szenario Wikis eingesetzt für - Ideen	je nach Ausprägung	3					1		

Enterprise Social Software												
			- zur Fehler-protokollierung								0	0
			- als Grundla-ge für Operati-on Reviews								0	0
Enter-prise Social Soft-ware	Der Projektleiter ist zuständig für die Betreuung, Überwachung und Motivation in Bezug auf die Enterprise Social Software	erfolgte durch den Projektlei-ter eine										
			- Betreuung									
			- Überwachung								0	0
			- Motivation	je nach Ausprägung	2						1	1
Enter-prise Social Soft-ware	Der Projektleiter hat im Umgang mit der Software eine Vorbildfunk-tion, um Akzep-tanz und Ver-trauen im Umgang mit der Software zu erzeugen	wie gut hat der Projektleiter seine Vorbild-funktion wahrgenom-men		je nach Ausprägung	2						2	2
Enter-prise Social Soft-ware	Notwendigkeit doppelter Dateneingaben vermeiden	wurden doppelte Dateneingaben in der Enterpri-se Social Software ausgeschlos-sen		volle oder keine Punktzahl	1						0	1
					10						6	7

Von Abschnitt 3.10: Bewertung der Einhaltung der Experimentvorgaben (Aufgabe 2)

Task/Szenario	Tätigkeit/Vorgabe	Bewertung	Differenzierung	mögliche Punkte	antuprise	B3R	BIA	come together solutions	Palm Consultig	Yogurt - IT-Consulting
einmalige Vorarbeit	Einarbeitung in JIRA und Confluence	sinnvoller Einsatz von JIRA und Confluence	je nach Ausprägung	3	3	2	3	3	2	2
taskunabhängig	Einsatz von JIRA und Confluence im Enterprise Social Software Anwendungsfall	Wahl der entsprechenden Software gemäß Team-Einteilung (3 Teams E-Mail, 3 Teams Enterprise Social Software)	volle oder keine Punktzahl	2	2	2	2	2	2	2
taskunabhängig	Zusendung vollständig abgeschlossener Subtasks an Thomas Linner zum Feedback (je nach Anwendungsfall per E-Mail an Thomas Linner oder Enterprise Social Software), zuständig: Projektleiter	- wurden die Unterlagen entsprechend dem Anwendungsfall eingereicht - Einhaltung der Vorgehensweise nach Kanban (vollständige Teilergebnisse einreichen)	je nach Ausprägung	2	2	2	2	0	2	2

task-unab-ab-hängig	Verwendung des Kanban-Boards in JIRA	wurde das Kanban-Board verwendet	volle oder keine Punkt-zahl	3	3	3	3	3	3	3
task-unab-ab-hängig	1 Statusmee-ting pro Woche	- wurde nach dem Start der Bearbeitung (verzögerter Start erfordert ggf. weniger Statusmee-tings in Summe) 1 Statusmeeting pro Woche abgehalten	je nach Ausprä-gung	2	2	2	2	2	2	2
task-unab-ab-hängig	Durchführung von 2 Opera-tions Reviews (1 je Aufgabe, möglichst in der Mitte der Bearbeitungs-zeit der jeweiligen Aufgabe)	- wurde das Operations Review gemäß Vorgaben durchgeführt - wie ausführ-lich wurde dies protokol-liert - wurden die entsprechen-den Protokolle fristgerecht abgegeben	je nach Ausprä-gung	3	3	3	3	3	3	3
task-unab-ab-hängig	Aufdecken und Protokol-lieren von Fehlern durch unabhängige	- gab es eine QS - wurden Fehler protokolliert	je nach Ausprä-gung	3	3	3	3	3	3	3

	Qualitätssicherung (unabhängig bedeutet, dass die Überprüfung ein anderer im Team durchführt, der die Aufgabe nicht selbst erledigt hat)	- wurden die entsprechenden Protokolle fristgerecht abgegeben								
task-unab-ab-hängig	Telefonate/Konferenzen sind für Diskussionen bzw. längere Unterhaltungen geeignet, müssen aber protokolliert werden gemäß Vorlage	- wurden Telefonate/Konferenzen gemäß der Vorlage protokolliert - wie ausführlich wurden Telefonate/Konferenzen protokolliert	je nach Ausprägung	2	2	2	2	2	2	2
task-unab-ab-hängig	Kontaktieren von Thomas Linner bei Unklarheiten/fehlenden Standards , zuständig: Projektleiter	erfolgte seitens der Teilnehmer Kritik bezüglich des Konzepts während der Bearbeitungszeit (gut) oder erst am Ende (weniger gut)	volle oder keine Punktzahl	1	1	1	1	1	1	1
task-unab-ab-hängig	Zeiterfassung gemäß Vorlage	- wurden die Vorgaben zur Zeiterfassung eingehalten	je nach Ausprägung	3	3	3	3	3	3	3

		- wurde die Zeiterfassung fristgerecht abgegeben								
Task 2	Abschluss Aufgabe 2	wurden alle Unterlagen zu Task 2 bis spätestens 17.6. um 23:59 Uhr abgegeben	volle oder keine Punktzahl	2	2	2	2	2	0	2
einmaliger Wechsel	Wechsel Groupware/Enterprise Social Software am 1.6.	hat das Team ohne Erinnerung an den Wechsel gedacht	volle oder keine Punktzahl	3	3	3	3	3	3	3
taskunabhängig	Aufteilung in ungefähr gleich große Subtasks	wurden für die Kanban-Vorgehensweise ungefähr gleichgroße Subtasks definiert	volle oder keine Punktzahl	1	1	1	1	1	1	1
				30	30	29	30	28	27	29
Enterprise Social Software	Foren für die Abstimmung im Team, unterteilt in verschiedene Themen	- wurden im Enterprise Social Software Szenario Foren verwendet - erfolgte hier eine Unterteilung in verschiedene Themen	je nach Ausprägung	2	2	2	2		2	

Enter prise Soci al Soft ware	Wiki als „Notizblock" für Ideen, zur Fehlerproto- kollierung der Qualitätssi- cherung und als Grundlage für Operation Reviews	wurden im Enterprise Social Software Szenario Wikis einge- setzt für - Ideen - zur Fehler- protokollie- rung - als Grund- lage für Operation Reviews	je nach Ausprä prä- gung	3	3	3	3		3	
Enter prise Soci al Soft ware	Der Projektlei- ter ist zustän- dig für die Betreuung, Überwachung und Motivati- on in Bezug auf die Enterprise Social Software	erfolgte durch den Projektlei- ter eine - Betreuung - Überwa- chung - Motivation	je nach Ausprä prä- gung	2	2	2	2		2	
Enter prise Soci al Soft ware	Der Projektlei- ter hat im Umgang mit der Software eine Vorbild- funktion, um Akzeptanz und Vertrauen im Umgang mit der Software zu erzeugen	wie gut hat der Projektlei- ter seine Vorbildfunkti- on wahrge- nommen	je nach Ausprä prä- gung	2	2	2	2		2	

Enter prise Soci- al Soft- ware	Notwendigkeit doppelter Dateneinga- ben vermei- den	wurden doppelte Dateneinga- ben in der Enterprise Social Software ausgeschlos- sen	volle oder keine Punkt- zahl	1	1	1	1		1	
				10	10	10	10		10	

Von Abschnitt 4.5: Bewertung der Arbeitsergebnisse

Aufgabe 1 a

Ergebnis	mögliche Punkte	antuprise	B3R	BIA	come together solutions	Palm Consulting	Yogurt - IT- Consulting
Inhalt:							
Erfüllungs-grad der gestellten Anforderun-gen unter Berücksichti-gung sachlicher Richtigkeit	30	30	30	30	30	30	30
für den Kunden nützliche Zusatzergeb-nisse	3	3	0	3	0	0	0
Verständlich-keit	2	2	2	2	2	2	2
Bezugnahme zu Kunden-Anforderun-gen	2	2	2	2	2	2	2
kein Copy-Paste vorhanden	2	2	2	2	2	2	2
roter Faden erkennbar	1	1	1	1	1	1	1
spezifische Formulierun-gen / Detail-treue	1	1	0	1	0	0	0
Vermeidung von unnöti-gem "Informa-tion Overload"	1	1	1	1	1	1	1
Form:							
Zitierweise	1	1	1	0	1	1	1

Rechtschrei-bung / Grammatik	1	1	0	1	1	1	1
Sachliche Formulierung	1	1	1	1	1	1	1
Optische Aufbereitung	1	1	1	1	1	1	0
Vorgehens-weise							
Systemati-sche Vorge-hensweise (Gewichtung, Tabelle, Gruppierung)	1	1	0	1	1	0	1
Eigenständig-keit (erst im Team diskutieren, dann Kunde fragen)	1	1	1	1	1	0	1
wenig Aufwand des Kunden für Feedback während Bearbeitungs-zeit	1	1	1	1	1	0	1
Kollaboratives Vorgehen im Team	1	1	1	1	1	1	1
Summe: 50 Punkte	50	50	44	49	46	43	45

Aufgabe 1 b

Ergebnis	mögli-che Punkte	antuprise	B3R	BIA	come together solutions	Palm Consul-ting	Yogurt - IT- Con-sulting
Inhalt:							
Erfüllungs-grad der gestellten Anforderun-gen unter Berücksichti-gung sachli-cher Richtig-keit	30	20	30	30	26	28	30
für den Kunden nützliche Zusatzergeb-nisse	3	0	3	3	0	3	3
Verständlich-keit	2	2	2	2	2	2	2
Bezugnahme zu Kunden-Anforderun-gen	2	2	2	2	0	2	2
kein Copy-Paste vorhanden	2	2	2	2	0	2	0
roter Faden erkennbar	1	1	1	1	0	1	1
spezifische Formulierun-gen / Detail-treue	1	1	1	1	0	1	1
Vermeidung von unnöti-gem "Informa-tion Overload"	1	1	0	1	1	1	1
Form:							
Zitierweise	1	0	0	0	0	0	0
Rechtschrei-bung / Grammatik	1	1	1	1	0	0	1

XXX

Sachliche Formulierung	1	1	1	1	1	1	1
Optische Aufbereitung	1	1	1	1	1	0	1
Vorgehens-weise							
Systematische Vorgehensweise (bsp. Requirements Engineering)	1	1	1	1	0	0	1
Eigenständigkeit (erst im Team diskutieren, dann Kunde fragen)	1	1	1	1	1	0	1
wenig Aufwand des Kunden für Feedback während Bearbeitungszeit	1	1	1	1	1	0	1
Kollaboratives Vorgehen im Team	1	1	1	1	1	1	1
Summe: 50 Punkte	50	36	48	49	34	42	47

Aufgabe 2

Ergebnis Inhalt:	mögliche Punkte	antuprise	B3 R	BIA	come together solutions	Palm Consulting	Yogurt - IT- Consulting
Erfüllungsgrad der gestellten Anforderungen unter Berücksichtigung sachlicher Richtigkeit	30	30	30	30	29	30	18
für den Kunden nützliche Zusatzergebnisse	3	1	3	3	1	2	1
Verständlichkeit	2	2	2	2	2	2	2
Bezugnahme zu Kunden-Anforderungen	2	2	2	2	0	2	2
kein Copy-Paste vorhanden	2	2	2	2	2	2	2
roter Faden erkennbar	1	1	1	1	1	1	1
spezifische Formulierungen / Detailtreue	1	1	1	1	1	1	1
Vermeidung von unnötigem "Information Overload"	1	1	1	1	1	1	1
Form: Zitierweise	1	1	1	1	0	1	0
Rechtschreibung / Grammatik	1	1	1	1	0	1	0

Sachliche Formulierung	1	1	1	1	1	1	1
Optische Aufbereitung	1	1	1	1	1	1	1
Vorgehens-weise							
Systematische Vorgehensweise (Gewichtung, Tabelle, Gruppierung)	1	1	1	1	1	1	1
Eigenständigkeit (erst im Team diskutieren, dann Kunde fragen)	1	1	1	1	1	1	1
wenig Aufwand des Kunden für Feedback während Bearbeitungszeit	1	1	1	1	1	1	1
Kollaboratives Vorgehen im Team	1	1	1	1	1	1	1
Summe: 50 Punkte	50	48	50	50	43	49	34
mal 2	100	96	100	100	86	98	68

Abbildungsverzeichnis

Tabellenverzeichnis

Abkürzungsverzeichnis

BVDW   Bundesverband Digitale Wirtschaft

CSCW   Computer Supported Cooperative Work

IDC   International Data Corporation

MIT   Massachusetts Institute of Technology

RSS   Really Simple Syndication

WP   Work-Package

Literaturverzeichnis

Ahmad, M.O. / Markkula, J. & Oivo, M. (2013): "Kanban in software development: A systematic literature review,", In: Software Engineering and Advanced Applications (SEAA), 2013 39th EUROMICRO Conference on , vol., no., pp.9,16, 4-6 Sept. 2013 doi: 10.1109/SEAA.2013.28

Ahn, Heinz (2003): Effektivitäts- und Effizienzsicherung. Controlling-Konzept und Balanced Scorecard. Frankfurt am Main: Lang.

Alqahtani, Fayez (2013): THE ADOPTION OF WEB 2.0 WITHIN ENTERPRISES: EMPLOYEES' PERSPECTIVES. http://eprints.qut.edu.aU/63050/1/Fayez_Hussain_Alqahtani_Thesis.pdf (abgerufen am 09.10.2014).

Anderson, David (2007): Operations Review. http://www.djaa.com/operations-review (abgerufen am 09.10.2014).

Anderson, David (2014): The principley & general practices of the kanban method. http://www.djaa.com/principles-general-practices-kanban-method (abgerufen am 09.10.2014).

Böhringer, Martin / Röhrborn, Dirk (2009): Communardo Software GmbH: Enterprise Microblogging, Schriftenreihe zu Enterprise 2.0-Fallstudien Nr. 01, In: Back, Andrea / Koch, Michael / Smolnik, Stefan & Tochtermann Klaus (Hrsg.). München/St. Gallen/Graz/Frankfurt: Enterprise 2.0 Fallstudien-Netzwerk, August 2009, ISSN 1869-0297.

Bukvova, Helena / Kalb, Hendrik (2010): T-Systems Multimedia Solutions: Vernetztes Arbeiten im TeamWeb, Schriftenreihe zu Enterprise 2.0-Fallstudien Nr. 04, In: Back, Andrea / Koch, Michael / Smolnik, Stefan & Tochtermann Klaus (Hrsg.). München/St. Gallen/Graz/Frankfurt: Enterprise 2.0 Fallstudien-Netzwerk, August 2009, ISSN 1869-0297.

BVDW (2013): Enterprise 2.0 – Social Software in Unternehmen. http://www.bvdw.org/mybvdw/media/download/bvdw-leitfaden-enterprise-social-software.pdf?file=2663 (abgerufen am 09.10.2014).

Cervellieri, Adrian / Mischler, Janick / Dietrich, Johannes & Meier, Andres (2011): SFS services: Wiki zur Wissenskollaboration, Schriftenreihe zu Enterprise 2.0-Fallstudien Nr. 11, In: Back, Andrea / Koch, Michael / Smolnik, Stefan & Tochtermann Klaus (Hrsg.). München/St. Gallen/Graz/Frankfurt: Enterprise 2.0 Fallstudien-Netzwerk, August 2009, ISSN 1869-0297.

Conforto, E. C. / Salum, F. / Amaral, D. C. / Silva, S. L. & Almeida, L. F. M. (2014a): Can agile project management be adopted by industries other than software development? In: Project Management Journal, 45(3) Forthcoming. D0I:10.1002/pmj.21410.

Conforto, E. C. / Rebentisch, E. / Amaral, D.C. (2014b): Project Management Agility Global Survey. Massachusetts Institute of Technology, Consortium for Engineering Program Excellence- CEPE, Cambridge, Massachusetts, U.S.A.

E20 Cases (o.J. a): http://www.e20cases.org/about/ (abgerufen am 09.10.2014).

E20 Cases (o.J. b): http://www.e20cases.org/about/fallstudien-kategorien/ (abgerufen am 09.10.2014).

Epping (2011): EPPING, T. (2011). *Kanban für die Softwareentwicklung.* Berlin, Heidelberg: Springer-Verlag. http://dx.doi.org/10.1007/978-3-642-22595-6 (abgerufen am 09.10.2014).

Finke, Wolfgang (1992): Groupwaresysteme - Basiskonzepte und Beispiele für den Einsatz im Unternehmen, In: Information Management, Heft 1, Seite 24-30.

Herzog, Christian / Richter, Alexander / Steinhüser, Melanie / Hoppe, Uwe & Koch, Michael (2014): Barrieren der Erfolgsmessung von Enterprise Social Software. In: Tagungsband der Multikonferenz Wirtschaftsinformatik (MKWI 2014), Paderborn: Universität Paderborn; S. 1682-1694.

IDC (2013): Jedes dritte Unternehmen in Deutschland setzt Social Media für Unternehmenszwecke ein. http://idc.de/de/ueber-idc/press-center/54256-idc-studie-jedes-dritte-unternehmen-in-deutschland-setzt-social-media-fur-unternehmenszwecke-ein (abgerufen am 09.10.2014).

Johansen, Robert (1988): Groupware - computer support for business teams, New York: Free Press.

Koch, Michael / Richter, Alexander (2009): Enterprise 2.0 Planung, Einführung und erfolgreicher Einsatz von Social-Software in Unternehmen. *München: Oldenbourg.*

Koch, Michael / Bentele, Markus (2011): Rheinmetall: Unified Communication and Collaboration, Schriftenreihe zu Enterprise 2.0-Fallstudien Nr. 07, In: Back, Andrea / Koch, Michael / Smolnik, Stefan & Tochtermann Klaus (Hrsg.). München/St. Gallen/Koblenz/Frankfurt: Enterprise 2.0 Fallstudien-Netzwerk, 02/2011, ISSN 1869-0297.

Koch, Michael / Thönnißen, Hans-Jürgen (2011): ESG: Unterstützung von Wissensmanagement durch Social Software, Schriftenreihe zu Enterprise 2.0-Fallstudien Nr. 08, In: : Back, Andrea / Koch, Michael / Smolnik, Stefan & Tochtermann Klaus (Hrsg.). München/St. Gallen/Koblenz/Frankfurt: Enterprise 2.0 Fallstudien-Netzwerk, 02/2011, ISSN 1869-0297.

Kühl, Stefan (2009): Handbuch Methoden der Organisationsforschung: quantitative und qualitative Methoden. *Wiesbaden: VS, Verlag für Sozialwissenschaften.*

Lembke, Gerald / Soyez, Nadine (2012): Digitale Medien im Unternehmen Perspektiven desbetrieblichen Einsatzes von neuen Medien. *Berlin, Heidelberg: Springer Berlin Heidelberg.*

Lewe, Henrik / Krcmar, Helmut (1991): Groupware, Arbeitspapiere Lehrstuhl für Wirtschaftsinformatik, Universität Hohenheim, Nr. 22, Stuttgart.

McAfee (2006a): McAfee, A.: Enterprise 2.0: The Dawn of Emergent Collaboration. *In: MIT Sloan ManagementReview, Jg. 47, H. 3, Seite 20-28.*

McAfee (2006b): McAfee, A.: Enterprise 2.0, version 2.0, Blog Post vom 27. Mai 2006, http://andrewmcafee.org/2006/05/enterprise_20_version_20, (abgerufen am 09.10.2014).

Morl, Susanne / Heiss, Michael / Richter, Alexander (2011): Siemens: Wissensvernetzung mit TechnoWeb 2.0, Schriftenreihe zu Enterprise 2.0-Fallstudien Nr. 09, In: Back, Andrea / Koch, Michael / Schubert, Petra & Smolnik, Stefan (Hrsg.). München/St. Gallen/Koblenz/Frankfurt: Enterprise 2.0Fallstudien-Netzwerk, 02/2011, ISSN 1869-0297.

North, Klaus / Güldenberg, Stefan (2008): Produktive Wissensarbeit: Performance messen, Produktivität steigern, Wissensarbeiter entwickeln. *Wiesbaden: Betriebswirtschaftlicher Verlag Gabler.*

Opper, Susanna / Fersko-Weiss Henry (1991): Technology for Teams - Enhancing productivity in networked organizations. New York: Van Nostrand Holland.

Osimo, David / Szkuta, Katarzyna / Foley, Paul & Biagi / Federico (2010): Enterprise 2.0 study, http://ec.europa.eu/information_society/newsroom/cf/dae/document.cfm?doc_id =876 (abgerufen am 09.10.2014).

Pleier, Nils (2008): Performance-measurement-Systeme und der Faktor Mensch Leistungssteuerung effektiver gestalten. *Wiesbaden: Gabler.*

Richter, Alexander / Schäfer, Sebastian / Riemer, Kai / Diederich, Stephan (2011): Capgemini: Microblogging als Konversationsmedium, Schriftenreihe zu Enterprise 2.0-Fallstudien Nr. 10, In: Back, Andrea / Koch, Michael / Schubert, Petra / Smolnik, Stefan (Hrsg.) München/St. Gallen/Koblenz/Frankfurt: Enterprise 2.0 Fallstudien-Netzwerk, 02/2011, ISSN 1869-0297.

Schwarz, Jürgen (2012): Messung Und Steuerung Der Kommunikations-effizienz Eine Theoretische Und Empirische Analyse Durch Den Einsatz Der Data Envelopment Analysis. Wiesbaden: *Gabler.*

Steinhüser, Melanie / Räth, Philip (2010): ABB AG: Blog und Wiki in der Unternehmenskommunikation, Schriftenreihe zu Enterprise 2.0-Fallstudien Nr. 03, In: Back, Andrea / Koch, Michael / Smolnik, Stefan & Tochtermann Klaus (Hrsg.) München/St. Gallen/Graz/Frankfurt: Enterprise 2.0Fallstudien-Netzwerk, Januar 2010, ISSN 1869-0297.

Stocker, Alexander / Krasser, Nikolaus & Tochtermann, Klaus (2010): Pentos AG: Nachhaltiges Mitarbeiter-Blogging, Schriftenreihe zu Enterprise 2.0-Fallstudien Nr. 06, Back, Andrea / Koch, Michael / Smolnik, Stefan / Tochtermann, Klaus (Hrsg.) München/St. Gallen/Graz/Frankfurt: Enterprise 2.0 Fallstudien-Netzwerk, Mai 2010, ISSN 1869-0297.

Trepper, Tobias (2012): *Agil-systemisches Softwareprojektmanagement.* Wiesbaden: SpringerGabler, http://site.ebrary.com/id/10587334. (abgerufen am 09.10.2014).

Walter, Thomas / Altendorf, Michael (2010): ADTELLIGENCE: Ganzheitlicher Einsatz von Social Software bei einem Startup, Schriftenreihe zu Enterprise 2.0-Fallstudien Nr. 05, Back, Andrea / Koch, Michael / Smolnik, Stefan & Tochtermann Klaus (Hrsg.) München/St. Gallen/Graz/Frankfurt: Enterprise 2.0 Fallstudien-Netzwerk, Mai 2010, ISSN 1869-0297.